教育部人文社会科学研究一般项目（西部项目）青年基金项目
"区域特色课程资源整合对创新藏区中职人才培养模式的支持研究"
（项目编号：11XJC880001）

区域·文化·人
——课程资源开发研究

白杨 著

巴蜀书社

目 录

前 言 …………………………………………… (001)

第一章 背景、概念与方法 …………………… (001)
  一、研究背景 ………………………………… (001)
  二、区域特色课程资源的相关研究 ………… (007)
  三、区域课程资源开发与藏区中等职业人才培养
      模式的相关研究 ……………………………… (020)
  四、对已有研究的几点反思 ………………… (030)
  五、本书的研究设定 ………………………… (035)

第二章 现状考察 ……………………………… (043)
  一、三类藏区特色课程资源的区域分布及对比
      ……………………………………………… (043)
  二、整合区域特色课程资源、支持藏区中等职
      业人才培养模式创新的典型模式与成功
      经验 …………………………………………… (049)
  三、整合区域特色课程资源、支持藏区中等职业
      人才培养模式创新面临的需求与困难 …… (061)

第三章　理论探索 …………………………………… (072)

　　一、区域特色课程资源的构成、类型、特征及

　　　　其价值 ……………………………………… (072)

　　二、区域特色课程资源整合对藏区中等职业人

　　　　才培养模式创新的支持功能 ……………… (077)

　　三、整合区域特色课程资源、支持藏区中等职

　　　　业人才培养模式创新的实现机制 ……… (085)

第四章　实践研究 …………………………………… (106)

　　一、整合区域特色课程资源、支持藏区中等职业

　　　　人才培养模式创新的基本维度讨论 ……… (106)

　　二、整合区域特色课程资源的实践模式 ……… (112)

　　三、整合区域特色课程资源的主要途径 ……… (150)

　　四、整合区域特色课程资源的保障机制 ……… (171)

第五章　结论与讨论 ………………………………… (177)

　　一、研究结论 ………………………………… (177)

　　二、需要进一步研究的问题 ………………… (182)

附录：访谈调查表 …………………………………… (185)

参考文献 …………………………………………… (198)

前 言

改革中等职业学校人才培养模式是国务院关于大力发展职业教育的一个重要决定，也是我国职业教育发展史中极其重要的里程碑，它的颁布使我国中等职业学校教育发生了极为深刻的变化。然而，在藏区，中等职业学校人才培养模式改革却举步维艰。中等职业学校人才培养与藏区产业的紧密对接是实施藏区中等职业学校课程体系改革创新计划的一个重要任务。改革中等职业学校课程体系本身是一种政策文本，所制定的课程体系改革创新计划，并不能保证我们的教育教学和课程资源的开发是支持中等职业学校人才培养模式创新的。尤其是区域课程资源作为发展职业教育的直接工具，如果它的整合和实施不能支持中等职业学校人才培养模式创新的话，那么，我们期待的在教育实践中全面实施素质教育就会成为一句空话。由于我们未能从理论与实践的双重视角，理性而准确地回答区域特色课程资源整合对创新中等职业学校人才培养模式的支持功能及其实现机制这个核心问题,因此,本书以藏区区域特色课程资源的整合为突破口,集中探讨藏区中等职业人才培养模式创新的问题。

中等职业学校人才培养模式改革是素质教育改革的重大难题,也是世界各国共同关注的职业教育改革的核心话题。在教育领域,无论是反思本国职业教育的弊端,还是对职业教育发展提出新的人才培养目标,往往都是从课程改革入手。自从课程改革开始,课程资源就作为课程改革的核心内容一直延续到今天。在世界课程资源理论演进的近百年里,每一次比较大的教育改革活动均伴随着课程资源的理论和方式、方法的改革。目前,国外关于课程资源开发的研究已进入理论的广泛实施阶段,一是教育机构和研究人员致力于课程资源中心、课程资源信息库和网上课程资源的建设;二是致力于校外课程资源与学校课程有效整合的应用性研究,以方便教师、学生以及家长获取、选择和利用。这些变化和发展不仅要满足经济发展的需要,更取决于政治、社会、文化等多方面因素。

为适应国家新课程改革的现实需求,国内学界于2001年开辟了课程资源这一新的研究领域,主要研究五个方面的问题:1. 课程资源的概念与内涵;2. 课程资源的结构与特征;3. 课程资源的存在方式与多样化类型；4. 课程资源的功能与作用；5. 课程资源的筛选与开发。关于藏区区域特色课程资源开发的相关研究，主要集中在运用藏文化开发本土教材、利用藏区物质与环境资源建设学生综合实践基地上。从总体上看，当前对开发藏区课程资源、支持中等职业人才培养模式创新的研究不多，且存在着不足。

时至今日，我们知道课程资源涉及多种要素和关系，但并不清楚这些要素、关系之间的相互作用方式；我们知道课程资源对学校教育发展具有多种支持功能，但并不清楚这些功能的形成机制、作用方式和实现机制。故而，当下研究区域特色课程资源开发对藏区中等职业学校人才培养模式建设的支持功能及其实现机制是迫切的，也是必须的。

本书分为五章。第一章"背景、概念与方法"，着重交代为什么要研究区域特色课程资源整合及其对藏区中等职业人才培养模式创新的支持功能和实现机制。这部分全面梳理、分析国内外相关文献，试图为后面三章的调查研究、理论研究和实践研究提供基础。第二章"现状考察"，调查分析三类不同藏区（农区、牧区、半农半牧区）特色课程资源的构成、类型、特征以及整合区域特色课程资源对支持藏区中等职业人才培养模式创新的现实影响，归纳总结整合区域特色课程资源、支持藏区中等职业人才培养创新的典型模式、成功经验与突出问题。第三章"理论探索",通过区位分析法、结构—功能分析法和跨案例研究法,深入分析藏区区域特色课程资源的构成、类型和特征,以及区域特色课程资源整合对支持藏区中等职业人才培养模式创新的支持功能及其实现机制。第四章"实践研究",通过案例与实践研究,归纳、提炼整合区域课程资源、支持藏区中等职业人才培养模式创新的基本思路、主要纬度、实践模式与保障机制。第五章"结论与讨论",本章对上述研究进行归纳总结,以期得出一些基本的研究结论,同时,提出研究中存在的不足。

第一章

背景、概念与方法

自20世纪80年代后期以来,许多国家在中等职业教育改革中都不约而同地将课程资源放在一个非常突出的位置。为适应国家新课程改革的现实需求,我国学界于2001年开辟了课程资源这一新的研究领域。然而,在藏区,中等职业学校教育改革却举步维艰。在课程改革的推动下,本书从理论与实践的双重视角,理性而准确地回答区域特色课程资源整合对创新中等职业学校人才培养模式的支持功能及其实现机制这个核心问题,走进这片亟待开拓的研究领域。

一、研究背景

随着全球经济一体化进程的推进,中国已成为世界制造业中心,需要大量有一定操作能力的技术工人,这为中等职业教育发展提供了更大的平台。《2020年中国教育发展纲要》把大力发展职业教育特别是中等职业教育放到了突出位置，全国的各类职业教育在此形势下迅猛地发展。同时，发展也给中等职业人才培养模式的改革提出了更高的要求。在这一深刻的变革中，我国藏区中等职业教育研究面临三个具有挑战性的因素：国家的团结统一与长治久安的推进；区域经济社会文化发展的不平衡性；多元文化、多种价值取向并存的发展环境。

进入21世纪以来，我国把发展职业教育作为重要的国家战略之一，党中央、国务院明确了职业教育作为推动社会经济发展的重要基础和促进教育改革的战略重点。2002年到2005年间，国务院三次召开全国职业教育工作会议，先后出台了《国务院关于大力推进职业教育改革与发展的决定》、《国务院关于大力发展职业教育的决定》等重要文件，指出我国将进一步提高职业教育发展水平，按照建设现代国民教育体系的框架要求，着力培养适应经济社会发展需要的高素质劳动者和技能型人才，初步形成具有中国职业教育特色的职业教育体系构架，并逐步形成完备的现代职业教育体系。

国家把中等职业教育作为整个教育事业改革的突破口，聚焦于西部民族地区。西部民族区域总体上落后于东部、东南沿海及中部地区。西部民族区域的面积占全国土地面积的64%，并且，陆地边境线大部分在民族居住地区。这样的社会、经济、文化背景给民族地区职业教育的成长与发展创造了机遇，同时也带来了挑战。民族地区中等职业教育不仅有助于满足和促进区域社会经济发展,缩小东西部发展的差距,还对促进民族团结、共同发展、共同繁荣、共同进步、实现社会主义和谐社会目标具有特殊而深远的意义。

国家对中等职业教育的定位非常明确:在九年义务教育的基础上培养数以亿计的高素质劳动者。当前,整个职业教育的办学方针和人才培养模式也非常清晰:坚持以服务为宗旨、以市场为导向,走工学结合、校企结合的道路。这便为整个中等职业教育的健康发展提供了的导向,也为西部地区中等职业教育规模扩大与发展提出了任务和要求。根据民族地区的实际,2000年国家民族事务委员会、教育部印发的《关于加快少数民族和民族地区职业教育改革和发展的意见》的通知(民委发〔2000〕199号)指出:加强课程结构的调整,制定并实施中等职业教育课程改革和教材建设规划。针对民族地区的经济类型、经济结构的现实需求及语言环境,组织并指导开设、编写具有当地特色的职业教育课程和相应的教材。同年,教育部针对中等职业教育出台了《关于全面推进素质教育深化中等职业教育教学改革的意见》,明确指出开发地方特色课程的重要性;鼓励地方中等职业学校根据区域经济发展的实际需要编写特色教材,更新课程内容,开发课程资源;并要求学校重视区域技术专家和具有丰富经验的教师、技师参与课程资源开发,调动社会各方面的积极性。

《中等职业教育改革创新行动计划（2010—2012年）》进一步提出探索课程改革，创新教材建设，实现职业教育人才培养与区域产业的紧密对接。推进中等职业学校课程改革要以提高学生综合职业能力和服务终身发展为目标，立足社会经济文化发展，更新课程内容、创新课程体系。例如，现代农业和民族传统技艺等相关专业的课程教学大纲就是根据新专业教学指导方案开发的。国家的有关政策和措施对民族地区职业教育提出了具体的要求，为西部民族地区职业教育指明了发展方向，提供了较好的发展机遇。民族中等职业教育应从各民族地区实际出发，鼓励学校开发特色课程，努力探索新时期符合民族特点的发展路子。

相关数据研究表明，西部地区已拥有的相当数量的中等职业学校，为中等职业教育规模扩大提供了必要的基础。尽管西部地区职业教育的基础和东部地区比较起来还十分薄弱，但目前国家的产业布局正朝着有利于西部发展的方向调整。西部地区以其明显的资源优势成为了制造业的原料加工基地。因此，西部地区对中等职业人才的需求与日俱增。因而，西部中等职业教育规模的扩大成为现实的紧迫需要。同时，经济增长方式转变引发的对技能型人才的大量需求，呼唤着中等职业教育更好、更快地发展。

西部民族地区根据国家要求,先后出台了本地区大力发展中等职业教育的决定,把中等职业教育摆到更加突出、更加重要的位置。采取切实有力的政策举措,实现了中等职业教育前所未有的大发展。一方面,它为社会经济的发展培养了一大批的实用型技能型人才,另一方面,又繁荣和发展了民族地区的经济。从区域发展的情况看,西部民族地区中等职业教育在校生数量增长较快,有效改善了西部民族地区高素质劳动者和技能型人才短缺的状况。同时,中等职业学校加大结构调整力度,服务经济社会发展的能力显著增强。西部民族地区的中等职业院校积极调整专业设置,重点开发和建设了一批面向现代农牧业和区域特色产业的新专业。

以四川藏区为例,四川省实施了"职业教育攻坚计划",发挥政府主导作用,多渠道筹措资金,整合资源,推动了四川藏区中等职业教育的基础能力建设。《四川省民族地区教育发展十年行动计划(2011—2020年)》(川委办〔2010〕38号)明确提出,实施民族地区免费中等职业教育计划,强化教育对口支援,创新支教内容。《四川省教育厅关于建设现代中等职业教育课程体系的意见》(川教〔2012〕117号)对中等职业教育课程改革作了方向性描述:"建设现代中等职业教育课程体系,全面提高教育质量,使学生的综合素质和职业能力适应不断变化的职业岗位和终身发展需要。"根据《四川省教育厅关于建设现代中等职业教育课程体系的意见》的规划,职业学校专业课程建设,应"突破传统课程思路,依据工作任务设置课程。应打破依据知识边界设置的课程体系,依据工作任务设置课程,建立与岗位任务对接紧密、符合技能型人才培养规律并与高等职业教育衔接的课程体系,在此基础上形成专业课程计划,编制专业课程标准。课程设置必须覆盖学生应具备的知识、技能和素质"。这些举措体现了中等职业教育人才培养模式改革的稳步推进。

然而,不可否认的是,对藏区来说,由于新课程的设置在很大程度上借鉴了发达地区中等职业人才培养模式的成功经验,体现了新型的主流经济、政治、文化发展的方向,在一定程度上有利于在发达地区的实施和推行,但却对藏区中等职业教育造成了巨大的挑战。藏区由于经济等各方面的原因,条件性课程资源缺乏,素材性课程资源难以组织运用。一方面,实施新课程所需的人力、物力、财力、媒介、场地、设施和环境等条件性课程资源极为不足,这在很大程度上限制了课程实施的范围和水平;另一方面,条件性课程资源的不足又相应地制约了知识、技能、经验、情感态度、价值观等素材性课程资源的开发和运用。目前,在藏区中等职业学校,由于课程资源分布的地域差别,使得整合区域课程资源和中等职业人才培养模式方面存在着较大差别。特别是校外课程资源闲置浪费现象十分突出,致使课程资源的开发利用成为制约藏区中等职业人才培养模式创新与发展的瓶颈。

总体上看,中等职业教育仍然是西部藏区教育中最薄弱的环节,其战略地位还没有得到充分体现,课程设置以及人才培养的模式还远不能适应经济社会发展的需要,影响和制约着藏区中等职业教育规模的扩大。社会经济和文化发展的不平衡,大一统的国家课程严重不适应藏区社会发展,导致了激烈的文化价值碰撞。但是,随着国家西部大开发的进一步推进,藏区中等职业教育如何抓住机遇、摆脱困境、找到发展的突破口,是当前藏区中等职业教育所需要思考的主要问题。

基于此,我们有必要以藏区区域特色课程资源的整合为突破口,集中探讨藏区中等职业人才培养模式创新的问题,深入揭示区域特色课程资源整合对创新藏区中等职业人才培养模式的支持功能及其实现机制,为藏区整合区域特色课程资源与创新藏区中等职业人才培养模式提供基本的分析框架,以提高藏区中等职业人才培养模式创新的实效性。

二、区域特色课程资源的相关研究

随着人们对新课程观的理解,课程资源的开发和利用越来越受到重视。许多学者都从不同角度对课程资源的概念进行了界定。美国课程论专家泰勒早在20世纪40年代就强调了校外课程资源开发在社会文化环境下对学校教育发展的重要作用,他指出:"加强校外课程(the-out-of-curriculum)能帮助学生与学校以外的环境打交道。"(泰勒,1994)

国外开发利用校外课程资源、支持和完善学校教育发展的相关研究主要集中在两个方面:一是运用校外课程资源支持和完善学校课程的目标、内容、评价与实施方式,如John D. McNeil在《课程:教师的首创精神》中对社区课程资源在社会、科学、数学等学科教学以及研究性学习中的利用方式进行了深入的探讨(John D. McNeil,1999)。二是运用校外人力资源参与学校的决策和管理,组织社区文化资源服务于学校的德育教育,如John D. McNeil在他的专著《课程导论》中对家长参与学校课程决策和社区人士参与学校课程发展的途径、作用和方式进行了详细的介绍(John D. McNeil,2007)。时至今日,国外关于校外课程资源开发的研究已进入理论的广泛实施阶段:一是大量的教育机构和研究人员致力于课程资源中心、课程资源信息库和网上课程资源的建设,如美国的ENC和英国的Explorer;二是致力于校外课程资源与学校课程有效整合的应用性研究,以方便教师、学生、家长获取、选择和利用。

国外的课程资源建设更多关注落实课程改革核心目

标，即培养学生的基本技能和基本能力以适应社会发展之需求。例如，德国职业教育采用双轨制，把理论与实践、学校与社区企业联系起来，其中以企业的操作技术为主。英国的课程改革在强调精神、道德、社会和文化方面的发展目标，强调自我、人际关系、社会和环境等价值观的同时，特别重视现代社会所需要的基本技能的培养。美国提出了课程资源开发与学校课程培养目标相关的能力和基础方面的要求，这些要求对所有学生的社会能力、技能和个性品质的发展都极为重要，并允许每个学校根据各自不同的需求来开发课程资源。在澳大利亚的职业教育体制中，TAFE（技术与继续教育学院）体系和新学徒制以最大限度地帮助学员提高个人能力为宗旨，给他们提供更多的选择机会（张宁，2009）。我国香港职业教育的一大特色是请知名的商界人士参与策划并组织教学工作，课程的设置总是根据实际的需要，没有固定的模式。台湾地区的课程改革将课程资源整合和学校本位课程资源发展确立为基本方向，并强调以生活经验为重心，培养技能和能力目标。本书对国外在校外课程资源开发方面的经验和成果进行了全面的整理和归纳，使本研究获得了广阔的国际视野。

  相比而言，国内关于校外课程资源开发的直接研究起步较晚。为适应国家新课程改革的现实需求，国内理论界于2001年才开辟了课程资源这一新的研究领域，大致建立了课程资源研究的基本概念框架（吴刚平，2001）。随着人们对新课程观的理解，校外课程资源的开发和利用越来越受到重视。课程资源是新一轮国家基础教育课程改革所提出的一个重要概念。许多专家、学者都从不同角度对课程资源的概念进行了界定。其中最有代表性的观点是把课程资源定义为一切对课程和教学有用的物质和人力。换句话说，凡是有助于促进学生主动学习与和谐发展、促进教学目标实现的资源都可以纳入课程资源。《基础教育新课程标准》明确指出："学校内部和外部的一些对学生的发展产生影响的素材都可以看作是课程资源……有效开发和实施课程资源是推行新课程的一个重要方面。"随着知识经济作为占主导地位的社会经济形态的确立，我国新课程的设置很大程度上是基于信息社会背景的。在课程资源上，除了传统的校内资源、教材外，校外资源也是课程资源结构的重要组成部分。以此为基础，国内学界主要从三个角度对校外课程资源的开发利用问题进行了探讨：1. 从学校课程发展的角度，重点探讨学校特色课程与校本课程的开发、建设问题；2. 从新课程背景下教学方式变革的角度，重点探讨音、体、美等学科教学、学校德育以及综合实践活动课程中校外课程资源的开发利用及其途径等问题；3. 从社区教育改善的角度，重点探讨校内课程资源与社区课程资源的整合问题。随着新课程改革向纵深推进,目前国内关于校外课程资源开发的研究开始进入理论研究与实践探讨相结合的深化阶段,并形成了校外课程资源开发利用的若干思路与实践模式。

归纳起来,学界关于校外课程资源开发问题的相关研究主要围绕以下几个问题展开:一是校外课程资源的概念与内涵;二是校外课程资源的结构与特征;三是校外课程资源的存在方式与多样化类型;四是校外课程资源的功能与作用;五是校外课程资源的筛选与开发。

1. 课程资源的概念与内涵

一种最有代表性的观点认为,课程资源的概念有广义与狭义之分。广义的课程资源是指有利于实现课程目标的各种因素,狭义的课程资源仅指形成课程的直接因素来源(吴刚平,2001,2006)。吴刚平等指出,课程资源的概念是非常丰富的,教材不是唯一的课程资源。也有学者认为,课程资源是教育教学活动中一切可资利用的人力、物力以及自然资源的总和,它具有多样性、多质性和价值潜在性等特点(徐继存,2001,2006)。还有学者在系统分析学界课程资源相关概念的基础上,认为课程资源是构成教育资源的重要组成部分,支持课程的框架建构、内容组成和活动开展(黄小玲,2006)。本研究大致采取后一种观点。

2. 课程资源的结构与特征

有学者根据生态价值观,认为课程资源开发是在一个由自然、社会、人组成的复杂的生态系统内进行的活动，因而必然涉及复杂的伦理关系，包括从外到内、从大到小的三个关系圈：外层是人与自然之间的物质关系圈；中间层是人与人包括人与社会、人与他人之间的社会关系圈；内层是人与自我之间的内在关系圈。因此，在一定意义上说，课程资源是一种生态性的存在，生态是课程资源的存在本性（罗儒国，2003）。也有学者运用系统论的分析方法，将课程资源分为思想资源、知识资源两个物质子系统和人力资源、物力资源两个非物质子系统，认为课程资源的结构可以从层次、联系方式、自组织和表现形式四个方面得到分析（范兆雄，2002）。还有学者根据校内课程资源与校外课程资源的区别，认为校外课程资源在存在方式上具有生活化、情境化、社会化和具体化等特征，在范围和类型上具有多样性、开放性、互动性与生成性等特征（王晶、李建群，2004）。另外有学者在系统梳理课程资源各种存在状态的基础上，认为课程资源具有待开发性（即潜在性）、人为命定性（即不确定性）、多样性和动态性等特征（黄小玲，2006）。

3. 课程资源的存在方式与多样化类型

归纳起来，国内关于课程资源类型的分类分法大致有以下几种：按组成要素分，有人力、物力、财力等资源；按空间范围分，有校内资源和校外资源；按存在形式分,有显性资源(物质形态资源)和隐性资源(精神形态资源);从产生过程分,有保持性课程资源和生成性课程资源;从物理特性分,有文字呈现资源、实物呈现资源、活动方式资源、信息化呈现资源;按功能特点分,有素材性资源和条件性资源(吴刚平,2001);从运动特征分,有静态资源和动态资源;以在教育发展中所起的作用分,有现实资源和潜在资源;从开发利用角度分,有原生课程资源、延生课程资源、再生课程资源、创生课程资源(王嵘,2001);从载体形态与学习者关系的角度,课程资源大致可分为以人为载体的资源、以物为载体的资源和以活动为载体的资源三种类型(黄小玲,2006)等等。国内有学者指出课程资源系统是由人、材料、工具、设施、活动等五种要素构成的(杨蕾、钟志贤,2002)。这些要素的不同状态有不同组合和各种表现,从而也就形成了课程资源的多样形态。对此,有学者认为课程资源有4种存在状态:待创生的课程资源、潜在的课程资源、现实存在但未开发利用的课程资源和已开发待利用的课程资源(黄小玲,2006)。

4. 课程资源的功能与作用

一般说来,校外课程资源开发在学校课程、教学、管理与日常活动等各个方面都具有独特的功能与价值。有学者根据结构—功能的观点,认为课程资源的系统结构决定了它对于学校课程活动具有储备和支持两大功能。前者包括储备知识、储备物质、储备精神、储备经验和储备文化等功能,后者从制度保障、组织保障、物质保障、人力保障和思想观念保障等方面提供支持功能(范兆雄,2002)。范兆雄根据课程资源各要素的特点对如何建设课程资源进行了如下阐述:(1)学校和教师应该把当地的物质文化环境纳入课程改革的视野;(2)课程人力资源建设的重点应放在专业发展上,并运用市场法则确保课程活动需要的人力资源;(3)课程知识资源建设应创设与某一课程内容相容的知识环境,使科学课程的开发拥有丰富的科学知识资源(范兆雄,2002)。也有学者从隐性功能的角度,提出课程资源开发和利用具有四个正向的功能:促进学校、家庭和社会一体化教育网络生成,促进教师合作文化生成,促进教师专业发展,为社区服务(刘瑞芳,2005)。还有学者根据校外课程资源开发的人文功能,认为校外课程资源具有独特的德育价值,同时能够为学生的个性和社会性提供广阔的发展空间(王晶、李建群,2004)。

5. **课程资源的筛选与开发**

江山野在《简明国家教育百科全书》中归纳了课程资源开发的五个基本途径:对当代社会的发展需求开展调查;审查学生的发展资源现状;研究青少年学生的发展需求;鉴别和利用校外课程资源;建立课程资源管理数据库(江山野,1991)。以此为基础,有学者从课程理论的角度,认为教育哲学、学习理论和教学理论是确定课程资源开发价值的依据和程序过程。为使课程资源的筛选机制更好地发挥作用,必须注意优先性和适应性两个原则(吴刚平,2001)。调查研究学生的兴趣类型、活动方式和手段、确定学生的现有发展基础和差异、为学生提供反馈资料、安排学生从事课外实践活动、制定参考性的技能清单、总结和反思教学活动等则是开展教学活动的主要途径(吴刚平,2001)。吴刚平在《解析课程资源》中认为,课程资源的筛选原则为优先性、适应性和科学性。优先性原则就是在可能的课程资源范围内、在充分考虑课程成本的前提下,选择对学生终身发展具有决定意义的课程资源;适应性原则就是课程的设计和课程资源的开发利用更需要考虑特定学生对象的具体特殊情况,如学生现有的知识、技能和素质背景。科学性原则是指课程资源的开发和利用必须有一个科学的态度。特别是那些涉及客观知识的素材性课程资源的选择,要注意它的真实性和可靠性(吴刚平,2001)。在《课程资源的开发与利用》一文中,吴刚平特别指出,要努力开发具有自己所在地区特点、特色的课程资源和条件资源,更好地去发挥它们在我们实践教学中的作用。"因地制宜"是课程资源开发与利用的立足点,也就是在构建课程资源体系过程中,重视与尊重学校和所在社区的具体实际情况(地理生态环境、历史人文风俗、宗教信仰、师生特点等），拓展思路，改革创新。吴刚平明确指出，鉴别和利用校外课程资源，包括自然与人文环境，各种机构、各种生产和服务行业的专门人才等资源，使之成为学生学习和发展的财富；拓宽校内外课程资源及其研究成果的分享渠道，建立课程资源管理数据库，提高开发利用课程资源、支持新课程改革的效率（吴刚平，2001）。吴刚平教授的观点对于开发利用课程资源、支持人才培养模式创新的研究提供了理论指导。

何军华认为课程资源建设中存在的问题为：课程资源意识和开发能力欠缺；课程资源开发与利用的结构单一；已开发的课程资源未能在教育教学中很好利用。由此，他认为应该加强对教师的多级、多元培训，对课程资源结构的合理优化，对教学过程的理论和实践积累（何军华，2003）。朱水萍在课程资源的开发与利用中强调激活学生已有的生活经验，这直接关系到课程实施的成效（朱水萍，2006）。高新芝在课程资源开发模式上强调校外课程资源和隐性课程资源，认为课程改革应以发展学生素质为核心，培养学生的创新精神（高新芝，2002）。阎红敏等认为，突出特色是课程资源有效开发的基本策略，她指出要从地域特点、学校的特色、学科特点、教师特点和学生的现状等方面出发，开发课程资源（阎红敏，2006）。

也有学者根据生态价值观的基本观点,如同前文所述,认为课程资源开发是在一个由自然、社会、人组成的复杂的生态系统内进行的活动,因而必然涉及复杂的伦理关系,包括从外到内、从大到小的三个关系圈:外层是人与自然之间的物质关系圈;中间层是人与人,包括人与社会、人与他人之间的社会关系圈;内层是人与自我之间的内在关系圈。因此,自然、生活和自我是课程资源开发的三个维度(罗儒国,2003)。还有学者从分析学校与社区的关系入手,认为建立学校与社区的有效互动机制是开发社区课程资源的前提,建立社区课程资源与学校课程的有效融合机制则是开发社区课程资源的基本途径(李松林,2004)。

基于以上分析,我们可以提炼、概括出已有相关研究在校外课程资源开发问题上所形成的几点基本认识。

(1) 课程资源是指形成课程的一切因素来源与必要而直接的课程实施条件。从空间分布来看,课程资源包括校内课程资源与校外课程资源。校外课程资源又包括学校以外的一切物质环境资源、人力资源和文化资源。

(2) 校外课程资源是一个具有不同存在方式和载体形式、包含多种类型和支持功能的生成性系统,生态性、生成性与发展性是其基本特性。

(3) 校外课程资源涉及主体-自然、主体-社会、主体-自身三重关系,它们分别从物质、社会和心理三个方面创造出支持学校教育发展的实现机制。在此意义上,自然、社会、学生乃是校外课程资源开发的三个基点。

(4) 开发校外课程资源、支持学校教育发展,涉及学校与政府、市场、社会等诸多关系,有赖于政府的主导、民间的支持与学校的自主能动,其关键是实现学校与政府、社会的良性互动,其核心在于实现校外课程资源与学校教育的有机融合。为此,开发校外课程资源支持学校教育发展,就需要创造性地设计出广泛的社会动员、民众参与、多方协调与合作共享机制。

区域特色课程资源的概念与内涵是延伸、拓展于校外课程资源开发问题上所形成的以上基本认识。一方面,吴刚平把课程资源分为校内课程资源和校外课程资源,条件性课程资源和素材性课程资源。这种分类扩展了课程资源的外延,丰富了课程资源的类型。由于地区的自然位置、地理条件等形成了多样、生动的个性化校外资源,这些区域个性化的校外课程资源延伸、拓展出区域特色课程资源,对其的开发利用对当地生活与经济产生了更实用的价值。另一方面,在《基础教育课程改革纲要(试行)》的广义课程资源观视野下,课程资源蕴含了大量的区域文化教育素材,其内涵可以延伸到社区、学校、家庭和地域生产生活环境,以及教师、家长、学生和当地技艺文化人等而形成大课程资源,学校和教师为主要课程资源开发者,学习者则是课程资源的主体,开发者依据学习者发展的具体需要进行因地制宜的课程开发。因此,我们应摆脱教材是唯一课程资源的观点,形成广义的课程资源观。区域特色课程资源开发具有很强的区域特点,是真正面向本土的教育实践。

因此,区域课程资源开发是一个以学校和特定区域为基地进行课程开发的民主决策的过程,即校长、教师、课程专家、学生以及家长和社区人士共同参与学校课程计划的制定、实施和评价活动。区域除了自然的、空间的意义之外,还具有政治的、经济的和文化的意义。区域可以理解成文化圈,强调地域空间的同质性和内聚性(华京生、华国栋,2009),是特定群体的情感归宿和社会认同的所在。正如平民教育家晏阳初创立的学校、社会、家庭三位一体的乡村教育,以及叶澜教授倡导的"生命·实践"建构,区域课程资源开发是以社区成员终身幸福发展的多样化需求和社区建设发展需求为依据,充分利用本地独特的地理和人文资源,挖掘其教育价值,开发具有浓郁地方特色和学校个性的综合实践活动课程,使区域文化形成课程系列(谢培松,2006;杨光岐、王力俊、郭丽红,2007;张晖,2008)。多元文化教育理论进一步指出,学校教育需要做的是,让民族学生保留其显著的多元认同性,如在教学形式上采用的多元文化教学,在课程内容上的民族文化选择,在评价体系上的多元文化考量等（巴登尼玛，2009；Feng，2009；Hinton，2011；钱民辉，2011）。换句话说，文化多元性是民族教育平等和保障民族和谐的基础（巴登尼玛，2009；马戎，2004）。对藏区中等职业学生人才培养问题的关注应植根于多元文化呈现和文化认同基础之上的文化生命力、凝聚力和创造力，这是和谐社会各个系统运转的根本动力源，有利于贯彻和执行党的民族和方针政策，有利于民族地区的文化繁荣、社会稳定，对维系中华民族的文化传承具有重要意义。本研究大致采取这种观点。

三、区域课程资源开发与藏区中等职业人才培养模式的相关研究

鼓励学校通过多种途径因地制宜、创造性地开展课程资源建设是世界各国教育改革所面临的一个共同课题（吴刚平，2003）。国外的课程资源建设更多关注、落实课程改革核心目标，即培养学生的基本技能和基本能力，以适应社会发展之需求。例如，英国的课程改革在发展目标中强调了社会和文化方面的协同作用，特别重视现代社会所需要的基本技能的培养；美国提出了课程资源开发与学校课程培养目标相关的能力和基础方面的要求，这些要求对所有学生的社会能力、专业技能和个性品质的发展都极为重要。

在开发利用课程资源、支持教育改革方面，国内学者主要从以下三个层面进行了探讨：第一，课程资源概念的丰富多元性探讨；第二，重视教师在课程资源开发中的作用；第三，教育主管部门的政策评估与保证（吴刚平，2001）。朱水萍在课程资源的开发与利用中强调学生已有的生活经验。从以上分析可以看出，学者们认为开发利用课程资源、支持教育改革中存在的主要问题是过于重视教材、教师能力不足等。针对这些问题，在如何建设课程资源、支持人才培养模式改革方面，本书认为开发区域特色课程资源应更好地去发挥它们在人才培养模式改革和实践教学中的作用。

如今，教育部正在进行新一轮课程改革，实施国家、地方、学校三级课程管理模式，社会各界开始广泛关注民族地区的乡土知识传承和乡土课程教材建设问题。这些研究立足于民族地区不同的地理自然风貌、传统经济形态、少数民族语言、宗教文化传统的客观基础，对国家课程、乡土教材、地方性知识之间的关系做了积极的探索。具体来说，涉及以下六个方面的关系：一、民族地区国家课程内容与汉文化知识之间的关系；二、区域知识与传统文化知识之间的关系；三、少数民族语言文字教学与乡土教材之间的关系；四、乡土教材内容的选择与民族地区学生毕业后生活需求和就业知识之间的关系；五、乡土教材教学与少数民族传统文化教育之间的关系；六、国家课程在民族地区讲授中考虑"本土化"的讲授方法。也有学者对民族地区学校在校本课程建设的过程中就校本课程的价值取向、内容取向、实施取向、评价取向、人才开发取向等方面做了一些初步的思考。另外，部分研究开始关注我国民族地区基础教育中学校课程管理和教师参与课程发展问题。也有一些民族地区高校开展实践教学，因地制宜，充分开发高校所在地区的地方性教学资源，在课程目标、课程结构、课程内容、课程实施和课程评价等诸多方面都充分体现了"人的回归"，取得了较好的教学效果。

在民族地区整合课程资源、支持教育改革方面，学者们一致认为，对于条件性课程相对缺乏的民族地区来说，区域课程资源的开发利用更是关系到民族地区教育改革发展的命脉。关注区域特色课程资源的整合是民族地区教育改革高质量发展的强有力的保障。充分发挥民族地区的自然资源优势，发展区域特色课程资源，可以说为更好地促进学生个体发展提供了有利条件。相关研究进一步指出，民族地区课程资源整合的重点要置于与文化知识应用有关的内容和活动中，使学生的课程经验整合至有意义的架构中，并能亲身体验解决问题的方法。在这个过程中，学生实际参与课程的设计，自己建构问题，并关心问题、解决问题，这也是一种民主的教育历程（詹姆斯·班克斯，2003；陈美如，2000）。

我国是多民族国家,加快发展民族职业教育是党中央、国务院对民族地区教育事业提出的迫切要求,也是民族地区自身发展的内在要求。民族职业教育对民族地区乃至整个社会、经济、文化发展有着举足轻重的作用(李怀宇,2003)。民族职业学校通过职业技术理论和实践教学,培养民族职业技术人才,促进了民族地区经济、社会发展。新的教育形式、教育内容、教育方法和教育实践,大力推动了民族地区教育事业的发展。同时,我们也要重视与尊重民族地区职业教育的区域性特点。这种区域性是由区域社会经济、文化、生态发展的不平衡性决定的。不同区域的职业教育各具地方特色,与当地的区域经济、文化、生态特征联系紧密,从而在人才培养目标、课程设置等具体方面体现出不同特色(古志华、古翠凤,2009)。民族地区职业教育的区域性特征要求不同的区域采取不同的人才培养模式。

关于人才培养模式的界定。1998年,教育部在《关于深化教学改革,培养适应世纪需要的高质量人才的意见》中将人才培养模式表述为:"人才培养模式是学校为学生构建的知识、能力、素质结构,以及实现这种结构的方式,它从根本上规定了人才特征并集中地体现了教育思想和教育观念。"其中最重要的因素始终应是同培养目标紧密关联的专业设置方式、课程体系结构和教学管理制度三项内容,其中课程体系结构是核心(崔岩，2009；谢培松，2007）。显然，这种提法比较笼统。通过分析，我们可以肯定的是，课程体系的构造原理和基本架构成为了标示人才培养格局的客观指南。人才培养模式是一个系统范畴，是教学资源配置方式和教学条件组合形式，主要包括：目标规格体系，涉及培养目标；内容方式体系，涉及课程体系结构；质量保障体系，涉及教学评价；并具有多样性和实践性等显著特点（崔岩，2009）。因此，人才培养模式来源于人才培养实践，必须根据学校自身的办学特色和专业特点选择、探索和构建出不同的人才培养模式，以适应培养多样化人才的需要（崔岩，2009）。

职业学校人才培养模式是指在一定职业教育理念引领下，以社会需求和职业人才培养目标为导向，立足自身办学条件，实现学生达到一定职业人才规格要求的施行范式，这对学生的知识、能力、素质结构和精神、心理、性格全面健康发展都有稳定的要求（李国志，2008）。"培养什么人才"和"怎样培养人才"是职业学校人才培养模式主要解决的两个根本性问题（崔岩，2009），与课程体系设置密切相关（黄君麟，2009）。人才培养模式方案的差异最终体现在课程设置的差异上，进而，课程教学质量的高低决定了人才培养质量的高低。换句话说，课程体系是人才培养质量的保证。人才培养模式制约人才培养质量；人才培养模式又受社会政治、经济、历史、文化、受教育者个性需求以及地域环境等因素的影响。在不同的时代，职业学校具有不同的人才培养模式。在知识经济社会，中等职业人才培养是以创新为目标，以素质和能力为导向。因此，人才培养模式改革的基本原则应突出特色、准确定位，形成以办学特色为指导思想和定位，通过科学分析社会需求、准确估价自身的办学实力、主动适应行业和区域经济社会发展的环境来实现正确定位，优化教学资源分配，制订切合实际的发展目标及独具特色的人才培养模式（崔岩，2009）。

如前所述，课程资源开发及利用是新一轮国家中等职业教育创新人才培养模式正式提出的一个重要概念，是对原来以教材为中心的课程资源概念所进行的新界定，延伸、拓展了课程资源的原有含义。充分发挥民族地区自然资源优势，发展区域特色课程资源，可以说为更好地促进学生个体创新发展提供了有利条件。这就要求尊重和满足不同区域、不同学校、不同学生个体的差异性和独特性，要求民族地区中等职业学校积极根据自身的办学风格、学生基础、教育资源、区域文化特点等具体情况，灵活制订课程计划，适当整合课程资源（夏志芳，2008）。

相关研究进一步指出，民族地区课程资源整合应注意五个方面。一是课程资源选取的各类材料应明确立足于多元和谐一体的价值准则,从而让学生享受丰富多元的文化内涵课程。这样选择的民族文化课程资源重视、尊重各种文化对课程开发的影响,有益于学生提高参与课程开发与实施的能力,增强区域文化体验和理解,获得多元知识、技能,提高民族认同和跨文化交往能力,提升文化品味,形成多元文化的价值理念。课程资源整合是由真实世界中具有个人和社会意义的问题组成的,例如文化差异、种族、语言等问题。二是设计与组织有关的学习经验,考虑学生不同的文化、历史、地域背景,组织学生的知识学习。区域文化是历史长期积淀的地方精神、气质与知识。三是知识的发展和应用要能诠释现实生活与世界的现象,作为行动的参考,而不是准备考试。四是民族文化课程资源的选择应满足学生的兴趣和需要。区域文化以各种方式渗透到民族地区社会、经济、文化、生活的方方面面,课程内容贴近学生的生活经验,将给予他们精神、心理、性格以积极的影响。既对本区域文化有亲近感,又对异域文化尊重且好奇。五是学生能实际参与课程的设计,自己建构问题,并关心问题、解决问题,这也是一种民主的教育历程(詹姆斯·班克斯,2003;陈美如,2000)。

　　藏区教育作为我国社会主义教育整体的组成部分,从藏区社会实际出发,学界提出了面向21世纪教育发展的区域性战略研究,其范围包括现在的西藏、青海、四川、甘肃、云南五省区的藏族地区，覆盖农区、牧区、半农半牧区三大地理区域类型。其根据是社区的文化生态环境即自然环境、社会心理环境、社区组织环境及与外界文化进行沟通的文化边缘环境，可以区分为：地域社区、种群或民族社区、都市社区、乡村社区、工业社区、学校社区、商业社区、沿海社区等。我们参照这种文化生态环境下的社区分类，并依据藏区实际的生态环境、人文环境和社会结构，将其分为三类社区：牧业社区、农业社区、半农半牧区。在藏区不同区域经济体制形成和发展的现实背景下，我们对藏区区域课程建设做了以下的分析和思考。

藏区课程资源开发对藏区中等职业人才培养模式创新起着十分重要的作用。《四川藏族教育资源使用对策研究（2003—2004年）》课题组对藏区学校教育资源调查显示，以往的研究呈现两个特点：第一，研究区域主要集中在以拉萨为中心的高原地区，对其他藏族的一手资料和实地调查研究不够重视，特别是康区的研究还主要由本地的学者在探索；第二，教育资源和教育现状的调查研究常常从属于某一个对藏族经济文化的研究之中。可以说，关于藏区教育资源的专门调查和后期研究的成果非常稀少，在课程资源支持课程改革的研究领域还没有对应的成果。随着新课程改革的全面推广，关于开发藏区区域课程资源、支持中等职业学校人才培养模式改革的相关研究主要集中在：1. 运用藏文化开发本土教材；2. 利用藏区物质与环境资源建设课程改革实验区。中等职业教育创新人才培养模式倡导的新思想、新概念、新方法在藏区基础教育各个层面得到了传播；学者们认为运用藏文化开发本土教材便是藏区特色的、更加符合时代要求的三级课程体系的初步实践，以建设地方课程、本土教材为载体，落实国家课程政策和要求；藏区教育行政部门、教研部门、学校、家长，尤其是教师的教育观念和课程理念发生了显著变化，认可并赞同课程改革的基本理念。

  例如，"'四川省民族地区教育发展十年行动计划'2007—2009年中小学校长、教师培训计划"通过研训结合，立足民族地区教育教学的实际，启动校本研训基地校建设。在甘孜藏族自治州和阿坝藏族羌族自治州，我们看到藏文化作为校本研修案例素材，较好地覆盖了课程资源开发、教育教学及校园的各个方面。藏区积极实施课程改革，制定一系列新课程改革的政策文件，确立改革试验区，召开改革经验交流会，推动藏区职业教育课程改革（以下简称"课改"）工作。部分实地调查研究表明，不少藏族学校在积极开展教育科研、突出办学特色、加强校园文化建设等方面做了有益的探索，以强化校本教研为主，推动了课改理念和教育实践的融合。在课程的设置上，大部分市（县）都能严格按照"教育部关于进一步加强校本课程开发与实施的意见"文件精神,在立足本校特点的基础上,结合当地师资实际情况,合理、科学地设置国家、地方、校本三级课程。

但是,不可否认的是,传统的教育教学观仍然制约着藏区实践课程改革的理念。部分学校领导在课改工作的组织实施上行动缓慢,部分教师感觉自己的业务能力与新课程之间有差距,因此,课堂教学设计、教学方法和教学思想依然延续陈旧的模式,未能将新课程的重要理念贯彻下去。换句话说,"课程向学生生活的回归"未能贯彻到教学实践之中,教师对课改工作持观望的态度,缺乏探索的激情,加上自身的知识结构老化、教育理念落后、对新课程的认识不深刻不准确,课改工作未能达到预期的推进效果。

藏区课程资源的结构还存在以下问题:1. 新教材普遍存在内容偏多的问题,而且教材内容与藏族地区的经济、文化、习俗有一定的差距。2. 区域特色课程的开发和实施不到位。首先,缺乏对区域特色课程与实际教育资源的有效整合。对校外资源的重视程度不够。藏区师生充分利用了校内资源,而对校外资源缺乏积极的开发和利用。教师缺乏对课程资源的积极开发。在教学过程中,忽视了教师在课程资源建设中的积极作用,没有结合藏区课程资源的具体情况,创造性地实施国家课程,补充国家课程在区域适应性上的欠缺。3. 区域差异较为明显，致使课改推进程度相差甚远。农村学校师资力量薄弱，影响课改的落实，缺乏对学生创新精神和实践能力的培养。另外，多元文化的地区优势没有发挥应有的教育价值。在城市及中心校区，优秀师资比较集中，学生生源较好，新课改进展和成效比较明显，而农村和相对偏远的牧区课改的局限性则非常明显。

时至今日，新课程改革在很大程度上借鉴了发达地区课程改革的成功经验，开发课程资源的区域性特色的考虑还不够。广大藏族地区课程内容缺乏民族性、时代性和地域性，在设计新课程时没有考虑到内容的科学性和有效性、对学生和社会的实际意义，存在能否为学生所接受、是否与藏区学校教育的基本任务和当地社区生态发展相一致等问题。藏族地区缺乏的不是课程资源，而是利用课程资源的慧眼。藏区往往具有保存完好的生态环境，多元文化又是这些地区的优势，在新课程的实施和创新人才培养模式中应该积极进行开发和利用，以发挥应有的教育价值。

四、对已有研究的几点反思

从总体上看，目前学界对开发藏区课程资源、支持中等职业人才培养模式创新的研究不多，并且在研究视野、研究方法和研究主题的把握上还存在某些明显的不足：

1. 研究视野狭窄，研究成果缺乏整合

已有研究大多借助课程教学论和教育社会学的认识框架，主要探讨了校外课程资源开发对学校课程教学发展的支持问题，以及校内课程资源与校外课程资源的转换协调问题，而没有借助教育哲学、教育生态学、教育管理学、教育文化学等与其关系非常密切的其他学科认识成果，建立更加立体的分析框架，去全面地揭示校外课程资源开发对学校课程、教学、管理和日常活动等各个方面的功能与价值。针对这些情况，本研究需要解决的问题是，如何在沟通多门学科的基础上，实现这些学科及其认识成果之间的综合性运用，以达成在区域特色课程资源开发对支持藏区中等职业人才培养模式创新的支持功能及其实现机制问题上的"重叠共识"。

2. 研究方法存在缺陷，经验成分过重

据笔者所见，人们在研究校外课程资源开发对学校教育发展的支持问题时，往往或多或少地存在以下几种方法论倾向：一是静止的线性研究。将校外课程资源看作一个封闭、静止的有序系统，进行静态的、线性的分析研究。二是孤立的还原分析。将校外课程资源和学校教育的整体视为单个要素的简单相加，忽略对各个要素相互作用的整体认识。三是对立的两极思维。将物质资源与非物质资源、自然资源与社会资源、以生命为载体的资源与以非生命为载体的资源等对立起来，非此即彼。四是简单的经验判断。以经验代替理性，凭借习惯、常识等非理性因素进行简单的经验总结。正因如此，已有研究大多未能取得突破性的成果。

3. 主题把握不准，认识不够深入

我们知道校外课程资源涉及多种要素和关系，但并不清楚这些要素、关系之间的相互作用的方式；我们知道校外课程资源对学校教育发展具有多种支持功能，但并不清楚这些功能的形成机制、作用方式和实现机制。我们认为，造成这种状况的一个关键原因在于：我们未能从理论与实践的双重视角，理性而准确地回答区域特色课程资源开发对藏区中等职业学校教育发展创新的支持功能及其实现机制这个核心问题。就眼下的情况而言，校内外课程资源失衡的矛盾尖锐。

鉴于此，本研究的焦点就集中在区域特色课程资源开发对藏区中等职业学校人才培养模式创新的支持功能及其实现机制问题上。藏区社会经济文化生态发展越来越有赖于创新职业人才。用头脑创造财富，这是藏区的一个共识。但是，如何提高藏区的创造能力，尤其是如何在中等职业教育中有意识地整合区域特色课程资源，从学校课程到社区环境资源，营造有利于培养、发挥创造力，以及创造人才成长的教育和社区环境是本书的着眼点。具体来说,本研究综合运用课程论、生态学、文化学、教育人类学和区域教育学等学科的最新研究成果,建立跨学科的研究框架;全面地分析和梳理区域课程资源的构成、类型与特征,聚焦于区域特色课程资源开发对藏区中等职业人才培养模式改革的支持功能及其实现机制的问题;综合运用田野调查、区位分析、结构—功能分析与案例研究等方法,集中揭示整合区域特色课程资源、支持藏区中等职业人才培养模式改革的基本思路和实践模式。

本书通过梳理国内外区域课程资源建设的相关文献,特别是通过对区域课程资源开发与藏区中等职业人才培养模式改革关系现状的分析与展望,对区域特色课程开发、支持藏区中等职业人才培养模式创新的研究进行了综述,从而找到本研究的逻辑前提:

1. 藏区的课程资源整合必须根植于本土课程资源

区域特色课程资源是指学校所在地区的特色资源,特别是凸显与其所在地域生态、人文等诸多方面的资源。区域特色课程资源的整合是以区域发展需求为依据,尊重先前经验,关注社会情景,重视区域特色课程资源整合、支持中等职业人才培养模式改革的活动过程。另外,区域课程资源要注重显性课程资源的渗透和隐性资源的文化适应。这将有利于创造和谐的学校—社区文化交往环境,促进合作学习。

2. 区域特色课程资源的整合是文化生态系统（包括三类藏区的学校、家庭、伙伴、社区的生产生活方式以及生活和文化环境等诸多方面）的高度同构

区域课程资源开发是在一个由自然、社会、社区、人组成的复杂的生态系统内进行的活动，生态是区域教育资源的存在本性（罗儒国，2003）。区域课程资源涉及主体－自然、主体－社会、主体－自身三重关系，存在方式上具有生活化、情境化、社会化和具体化等特征（王晶、李建群，2004），它们分别从物质、社会和心理三个方面创造出支持学校教育发展的实现机制。自然、社会、学生乃是区域特色资源开发的三个基点。

3. 区域特色课程资源整合对藏区中等职业人才培养模式改革的支持功能及其实现机制是一个整合学校、社会、家庭三者的教育力量，并包括实践模式、主要途径以及保障机制在内的立体系统

区域课程资源的生态系统结构（包括学校、家庭、伙伴、社区的生产生活方式以及历史文化环境等诸多方面）决定了其开发和利用具有四个正向的功能：促进学校、家庭和社会一体化教育网络生成，为学生的个性和社会性提供广阔的发展空间，促进教师合作文化生成与专业发展，为社区服务（王晶、李建群，2003）。区域特色课程资源整合对藏族地区人才培养模式的支持功能是一个整合学校、社会、家庭三者的教育力量，并包括

实践模式、主要途径以及保障机制在内的立体系统。

五、本书的研究设定

（一）目的与意义

在我国，整合区域特色课程资源、支持藏区中等职业人才培养模式创新是一个新的研究领域。基于上述背景，本研究确定了研究目的：揭示藏区特色课程资源整合对中等职业人才培养模式改革的支持功能及其实现机制。

本研究的意义包括理论与实践两个方面：

1. 理论意义

（1）综合运用田野调查、区位分析、结构—功能分析等方法，以藏区区域特色课程资源的整合为突破口，集中探讨藏区中等职业人才培养模式创新的问题，为学界的相关研究提供新的方法论框架，丰富和推动藏区中等职业人才培养模式创新的本土化研究。

（2）通过对藏区区域特色课程资源的构成、类型和特征等问题的分析，深入揭示区域特色课程资源整合对藏区中等职业人才培养模式创新的支持功能及其实现机制，为藏区整合区域特色课程资源与藏区中等职业人才培养模式创新提供基本的分析框架。

2. 实践意义

（1）通过案例研究与实践应用研究，归纳、提炼整合区域课程资源、支持藏区中等职业人才培养模式创新的基本思路、主要维度、实践模式与保障机制,以提高藏区学校开发整合区域特色课程资源和创新中等职业人才培养模式的实效性。

(2) 通过与藏区中等职业学校的合作研究,促进藏区中等职业学校的特色发展,提高教师的课程意识与研发能力,推动藏区区域特色课程资源建设,集中培养中等职业学生的个性特长、实践能力、创新素养和综合素质,以充分发挥学校教育对维持藏区民族团结统一、社会稳定发展和文化交融的服务功能。

藏区的课程资源整合情况对于西部和全国少数民族地区的课程改革都具有较大的代表性,有助于科学认识区域特色课程资源整合对民族地区中等职业人才培养模式改革的支持功能,丰富区域课程资源理论,为当前及今后一段时期的区域教育发展提供科学依据。

(二) 研究思路

以人为本是本研究的价值取向。本书以国家民族统一、长治久安为目标,立足地方区域性发展需求,寻求支持中等职业人才培养模式的创新机制,调查研究在国家建设目标统摄下的本土特色以及国家共享、人类共享的课程资源,归纳、提炼整合区域课程资源、支持藏区中等职业学校人才培养模式创新的基本思路、主要维度、实践模式与保障机制。

具体来说，全面梳理与分析国内外相关文献，为研究思路的设计提供大量可资借鉴的信息。特别是通过对藏区课程资源开发与中等职业人才培养模式关系现状的分析与展望，对于区域特色课程整合对支持藏区中等职业人才培养模式创新的研究进行综述，进而找到本研究的突破点和创新点。以此为基础，首先调查研究三类藏区（农区、牧区、半农半牧区）特色课程资源的区域分布，并对其进行比较；分析整合区域特色课程资源、支持藏区中等职业人才培养模式创新的典型模式与成功经验及其面临的需求、困难与瓶颈。接着从理论的视角，集中分析研究藏区三类区域特色课程资源的结构、类型及其价值；分析区域特色课程资源整合对创新藏区中等职业人才培养模式的支持功能及其实现机制。最后深入实践，研究整合区域特色课程资源、支持藏区中等职业人才培养模式创新的基本维度、实践模式、主要途径以及保障机制。

（三）研究方法

"方法也就是工具。"（黑格尔语）基于前面提出的主要观点：藏区的课程资源整合必须根植于本土课程资源，藏区的特色课程资源开发与文化生态系统是高度同构的关系，区域特色课程资源整合对藏区中等职业人才培养模式改革的支持功能及其实践模式、主要途径是一个整合学校、社会、家庭三者的教育力量的立体系统，本研究紧紧围绕区域特色课程资源开发对藏区中等职业人才培养模式改革的支持功能及其实现机制问题设计研究方法。

1. 文献法：梳理国内外区域课程资源建设的相关文献，确立研究框架与思路。一方面，梳理国内外区域课程资源建设的相关文献，特别是校外课程资源研究文献，为研究思路的设计提供大量可参考借鉴的信息；另一方面，通过对藏族地区课程资源开发与中等职业人才培养模式关系现状的分析与展望，对藏区区域特色课程开发支持创新中等职业教育人才培养模式研究进行综述，进而找到本研究的突破点和创新点。另外，研究者多次进入藏区调研，搜集大量与本课题相关的资料，例如，当地政府、文化馆和教育局搜集到的文化、自然、社会资源的记录情况等。这些资料的准备为本研究提供了丰富的文献资源。文献查阅是本研究的基本方法。

2. 调查法：藏区丰富的自然与人文资源是实施课程建设的宝贵条件。目前不同地区在利用、开发区域课程资源及传承文化资源的过程中，创造出了丰富多样的典型模式与成功经验。通过直接观察等活动，我们能够更深入地理解课程资源开发利用的完整情境脉络。本研究采用的田野调查让我们有机会接触到人们日常不太注意的事情,并且可能成为有价值的第一手资料。所以,本研究通过田野考察,设计了调查路线、访谈提纲。调查三类藏区(农区、牧区、半农半牧区)特色课程资源的区域分布,并对其进行比较;考察区域特色课程资源支持藏区中等职业人才培养模式创新的典型模式与成功经验;以及研究区域特色课程资源支持藏区中等职业人才培养模式创新所面临的需求、困难与瓶颈。

3. 个案法:案例研究(case study method)是一种经验主义的探究(Empirical Inquiry),研究者大量运用事例证据(Evidence)来展开研究(Robert K. Yin, 2008)。围绕这一定义以及 Robert K. Yin & Stake 等学者确立的案例研究的分析框架,本书的案例研究的意义在于回答课程资源整合是"为什么"和"怎么样"支持中等职业人才培养模式创新的问题。其次,本书的案例研究对象是藏区教育中课程资源开发利用的事例证据及其与中等职业人才培养模式创新之间的相互关系。通过对三类藏区典型个案的研究去归纳、总结整合区域特色课程资源、支持藏区中等职业人才培养模式创新的基本思路、主要维度、实践模式与保障机制。

在教育领域,案例研究法结合教育活动实际,以典型案例为素材,并通过具体分析、解剖,促使人们进入特定的教育情景和过程,建立真实的教育感受和寻求解决教育问题的方案。如前所述,本书的案例研究的意义在于回答课程资源整合是"为什么"和"怎么样"支持藏区人才培养模式创新的问题，以及课程资源开发利用的事例证据及其与人才培养模式创新之间的相互关系。根据研究任务，本研究围绕"整合区域特色课程资源、支持藏区人才培养模式创新"这一主题，进行探索型（Exploratory）的案例研究（Creswell, J., 1994）。特别是比较案例分析，能帮助我们更好地认识藏区区域特色课程资源状况，更好地把握整合课程资源、支持人才培养模式创新的本质与规律，为人才培养模式创新提供依据。

4. 结构－功能分析法：建立人与自然、人与社会、人与自我的三重理论分析框架，通过人与自然、社会、自我三个维度的分析，突破整合区域特色课程资源对支持藏区中等职业人才培养模式创新的基本维度、主要方式和途径的相关理论的研究。

在以人为本的新发展观视野下，为寻求人与自然、人与社会、人与人之间关系的总体性和谐发展，必须构建良好的社会互动机制，构建以人与自然、人与人、人与社会和谐共生、良性循环、全面发展、持续繁荣为基本宗旨的文化伦理形态，以解决人与自然、人与社会的矛盾。我们在研究过程中深刻体会到生态文明是人类对传统文明形态，特别是工业文明进行深刻反思的成果，是人类文明形态和文明发展理念、道路和模式的重大进步。生存智慧引导着可持续发展,这也是新的自然关系确立的前提(巴登尼玛,2004)。

具体来说,人与自然的关系包括正确处理好现代化经济建设与生态环境的关系,正确处理好人与自然的关系,遵循自然界法则,树立生态环保意识,真正达到人与自然的和谐等。必须树立以人为本的新课程发展观,找到一条人与自然和谐发展的道路。人与社会的关系包括倡导社会公平竞争、学会尊重与宽容、团结协作、构建和谐的社会关系等。要树立人力资源是第一资源的观念,尊重劳动、尊重知识、尊重人才、尊重创造,促进不同地区人群之间关系的和谐发展。人与自我的关系包括确立一种积极的价值观和处世态度,促进自我发展等。必须关注和推进人的全面发展,其中最根本的是提高人的综合素质,即提高人的教育水平、文化品位、道德修养和幸福追求。

区位分析理论和文化历史活动理论在上述研究方法的分析框架中得到了具体的运用。本研究将区位理论(Location Theory)运用在藏区区域课程研究中,探索课程开发行为与空间关系的问题。所有人类活动都受到区域地理环境的影响。本研究进行区位分析时,深入分析各因素与区域课程资源的联系,再抓主要因素,重点比较分析三类藏区特色课程资源的构成、类型和特征。文化历史活动理论(Engeström,1999)是理解全部人类工作和实践——情境脉络中的活动的有用框架。从文化历史活动理论视角分析,学习活动是植根于社会、历史、文化以及物质、精神的交织发展过程。当学校教育与本区域教育的目标方向一致时,教学活动便在区域特色课程资源与课程改革的紧密联系中激发学生学习的积极性。本研究借助文化历史活动理论,以藏区为例,对学校与社区之间的各要素的交互作用进行解析,以厘清其各要素相互影响的基本情况,从而创建促进区域特色课程资源整合对支持藏区人才培养模式改革的教育场域。

本研究以上述主要研究方法为基础,建立人-自然、人-社会、人-自我的三重理论分析框架,突破整合区域特色课程资源、支持藏区中等职业人才培养模式创新的基本维度、主要方式和途径的相关理论,集中揭示整合区域特色课程资源、支持藏区中等职业人才培养模式创新的基本思路、实践模式、支持功能及其实现机制(见图1:研究的技术路线)。

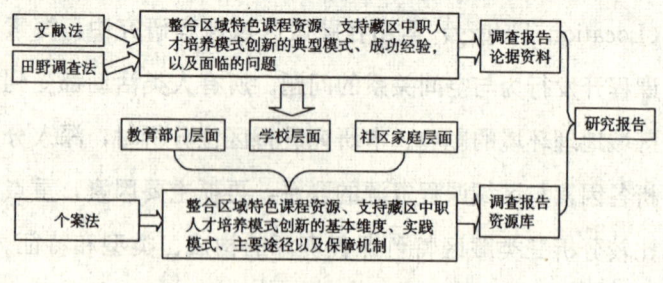

图1 研究的技术路线

第二章

现状考察

通过前期基础性研究,本研究进行了以下三个方面的考察:1. 三类藏区特色课程资源的区域分布;2. 整合区域特色课程资源、支持藏区中等职业人才培养模式改革的典型模式与成功经验;3. 整合区域特色课程资源、支持藏区中等职业人才培养模式改革所面临的需求与困难。

一、三类藏区特色课程资源的区域分布及对比

藏区是中国西部具有开放性和交融性的民族地区,其特殊的地理和历史文化特点使得课程资源的区域分布特色明显。从地理区域特点看,藏区位于青藏高原之上,包含当今的西藏自治区、青海大部分地区以及甘肃、四川、云南的部分地区,区域类型分为农区、牧区、半农半牧区,气候复杂多样,地域差异显著。同时,藏区是我国少数民族集聚、民族传统文化积淀深

厚、文化多样共生、民族文化特点突出的地区。推进西部民族文化事业的发展，对于提高各民族文化素质，促进民族团结和社会稳定，具有特殊的意义。藏文化不仅包括历史文物、各民族衣食住行的经典样式和物质载体等有形文化资源，还包括风俗习惯、宗教信仰等无形文化资源。本研究根据藏区区域差异的基本情况，选取了甘孜藏族自治州的农区和半农半牧区、阿坝藏族羌族自治州的牧区三大类型地区作为典型调查对象（如表1所示）：

表1 田野考察工作站

序号	站点名	行政区划位置	特点及价值评估
1	泸定县	四川甘孜州	地处青藏高原东南缘，以农业增效、农民增收为目的，围绕农业结构调整和市场需要，立足区域资源优势。多元性文化历史印记和鲜明的地域特征交织。县内甘孜州中等职业技术学校开始关注校外资源对于开展生态环境教育、培养学生爱好与特长的重要价值。学校校训为"崇实尚用，德艺同行"，并特别强调将民族文化作为特色课程的素材性资源，在区域特色课程体系建设中应积极开发利用，以发挥其教育价值。实行双语教学，开设了适合藏区生产生活实际的农业技术、农村医学、藏医药、畜牧兽医、民族艺术等特色专业。

续表

序号	站点名	行政区划位置	特点及价值评估
2	茂县	四川阿坝藏族羌族自治州（以下简称"阿坝州"）	地处青藏高原向川西平原过渡的地带。立足区域特色资源开发和特色优势产业。县内阿坝州中等职业技术学校结合教学实践，强调地方性的乡土文化应立足于本土、适应本土民间民俗习惯以体现地方民族特点而不被其他文化形式所同化。秉承"人本，励志，勤学，技强"的校训，学校确立了"立足州情，辐射州边，面向农村，服务社会"的办学方向。学校的畜牧兽医、机电技术及应用、藏羌艺术三个专业为省部级重点专业。同时，学校关注其他地区在开发本土文化资源方面取得的经验，积极探讨和认真学习。
3	马尔康县	四川阿坝州	位于青藏高原东段，以高原耕牧为主，藏传佛教文化底蕴浓厚。阿坝州州府马尔康是其政治经济文化和信息的中心。县内阿坝卫生学校立足校本，走民族特色校本研训之路。坚持"行医德为本，教育最为先"的校训，强调"团结、求实、勤奋、进取"精神，根植于民族地区，凸显研训特色。

这三个田野考察工作站都位于四川藏区。四川藏区位于川西北，北接青海、甘肃，西连西藏，南邻云南。农区、半农半牧区、牧区大都光、热、水、土条件较好，适宜于多种植物生长。这里地广人稀，人口及特色资源地域分布极不平衡。据四川省民族事务委员会和甘孜藏族自治州人民政府、阿坝藏族羌族自治州人民政府

网站发布的资料显示：四川藏区主要涵盖甘孜藏族自治州、阿坝藏族羌族自治州和凉山彝族自治州，总面积为25万平方公里，占四川省总面积的一半以上，藏族人口约122万人，是中国第二大藏区。其中，甘孜藏族自治州幅员最广，面积达15.3万平方公里；阿坝藏族羌族自治州，面积8.42万平方公里。木里藏族自治县行政上属于凉山彝族自治州，面积1.32万平方公里。四川藏区的特色资源与其复杂地形及多样地貌紧密联系。

复杂多样的自然环境催生了丰富多彩的民族文化，地理环境的差异性造就了文化发展的区域性。费孝通曾指出，川西"藏彝民族走廊"是民族迁移、分化、演变的大通道，其重要特征就是文化的多元丰富。例如，甘孜藏族自治州的半农半牧区（农区和牧区的交错或过渡地区）多元、复合的地域文化风格显著，平坦的地势（如草原、平原）令人心胸开阔，被赋予求新求奇的浪漫气质等等，它以藏文化为主体，兼容其他民族文化。由此可见，四川藏区特殊的地理和历史文化特点使得课程资源的区域分布呈现出区域特色明显、文化丰富多元的特点，为推进课程资源开发与中等职业人才培养改革的融合发展，奠定了重要的资源基础。

重要的是，四川藏族地区是南北民族迁徙和交融的重要通道，它处于全国五大藏族的结合部，也是通向西藏的文化和交通枢纽。四川藏族特殊的地理和历史文化特点都说明了它在区域和国家经济、文化以及政治上的重要战略地位。我国历代的政治家都把康藏地区作为"活藏之依托","沟通汉藏之桥梁"。四川藏区即康区,是国家安全、生态安全的重要屏障,具有极其重要的战略地位。历史上有"治藏必先安康"之说,新中国成立以来,国家领导人也多次明确指出:"稳藏必先安康。"因此,康藏地区的稳定与发展,不仅是四川省社会稳定和经济发展的基础,也关系到我国整个藏区的稳定与发展,是维护祖国统一和加快藏区发展的关键性的地区。

近年来,在经济全球化的影响下,特别是旅游业的发展,使得原来较单一的经济结构产生了变化,不同文化之间的交融日益频繁。随着城市化进程的推进,原来的社会结构和族群关系也发生了一定变化。例如,甘孜州泸定县地处青藏高原东南缘,立足区域农业资源优势,多元性文化历史印记和鲜明。县内甘孜州中等职业技术学校开始关注校外资源对于开展生态环境教育、爱国主义教育、培养学生爱好与特长的重要价值。学校校训为"崇实尚用,德艺同行",学校特别强调民族文化作为素材性资源,在区域特色课程体系建设中应积极开发利用,以发挥其教育价值。

又例如,阿坝藏族羌族自治州的高原牧区曾是中国工农红军长征爬雪山、过草地的地区,成为红军长征留驻时间最长,留下文物、遗址最多的地方。阿坝州茂县地处青藏高原向川西平原过渡地带，为彰显区域特色资源优势，阿坝州中等职业技术学校教学强调地方性的乡土文化，立足本土民族特点，发掘其强大的生命力。同时，学校关注其他地区在开发本土文化资源方面取得的经验，积极探讨，认真学习。学校担负着全州13个县的农牧民子女的职业技术教育、职业培训和农村劳动力转移培训的重大任务，是四川省劳动力转移培训基地。学校办学严谨，在国家教育方针政策的指导下，积极推动国家现代化建设，为社会培养了许多优秀的中等职业技术人才。阿坝州中等职业技术学校开设了畜牧、兽医、藏医学（兽用方向）、农业技术、旅游、机械电子工程、藏羌文化传承、财务会计、计算机应用、园林等专业。按照"文明建校、质量立校、就业强校、合心护校、生态美校、依法治校"的二十四字工作思路，搞好学校和教育教学管理，在加快学校恢复重建进程的基础上，大力提升学校软件环境，保质保量完成了灾后重建工作。马尔康县位于青藏高原东段，藏传佛教文化底蕴丰厚。阿坝州州府马尔康是阿坝州政治经济文化和信息中心。县内卫生学校立足校本，走民族特色校本研训之路。坚持"行医德为本，教育最为先"的校训，根植于民族地区，凸显研训特色。

  本研究通过以上点、面结合的田野考察，对整合区域特色课程资源、支持藏区中等职业人才培养模式改革的典型模式与成功经验及其所面临的需求、困难等做出了较为全面与准确的把握。这为后面的问题分析奠定了基础。

二、整合区域特色课程资源、支持藏区中等职业人才培养模式创新的典型模式与成功经验

藏区丰富多元且特色突出的课程资源与自然生态文化资源优势相得益彰,在整合区域特色课程资源、支持中等职业人才培养模式改革方面具有明显的资源比较优势,从而为发展特色民族教育奠定了极为良好的资源基础。可以说,新课程改革为藏区课程实施提供了很大空间,在藏区实施新课程改革也有相当的优势。由于自然地理环境和历史人文状况的差异,藏区拥有极为丰富的民族文化资源。同时,在整合区域特色课程资源、支持民族地区中等职业人才培养模式改革方面取得一定成绩,主要取决于以下的一些成功经验。

(一)重视发挥基层教师在整合区域特色课程资源建设中的能动作用

在素质教育的实施中,我们应构建地域特色的课程体系,重视回归生活世界的课程生态观,联系生活实际,让学生了解当地的乡土文化,走进乡土文化,挖掘乡土文化的魅力,利用和开发好乡土文化,让学生回归

生活世界，充实课堂教学，丰富课程资源。

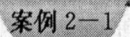
案例 2—1

  阿坝州中等职业技术学校美术老师在开发利用乡土文化、丰富美术课程的教研活动中，首先分析了茂县的地域特点，然后结合地方文化分析了目前使用的人教版美术教材不适合山区孩子的实际情况，建议适当调整教材内容，让教学贴近山区学生的生活。学校在构建地域特色的课程体系时重视因地制宜，就地取材，充分利用地理环境优势。根据学校所处的环境和人文特点，结合新教材，充分挖掘本地可挖掘的资源。正如老师们在体会中说：教育没有城市和山区、发达和落后之分，有的只是教育实施者的观念是否更新，教学方法是否得当，教学是否从实际生活出发。城市里有电脑、油画棒、颜料……但我们这儿有的乡土文化，城市里没有，如广阔的田野、险峻的山峰、少数民族的民俗风情、丰富的自然环境，这为美术教育提供了生动的教学资源，为丰富学校的活动环境提供了材料，从而培养了学生感受美、表现美、创造美的情趣和能力。

  上述案例中阿坝州中等职业技术学校充分注重美术与文化、美术与实际生活的联系，教学中充分利用本地乡土资源优势，让学生在学习美术的过程中不但认同本土的民族传统文化，而且降低了学习美术的成本，不仅扩大和丰富了美术课程内容，还使美术课更加多姿多彩，具有生命力；更好地发挥了中等职业人才培养模式改革在推动地方经济社会发展和改善民生中的作用。

案例 2—2

甘孜州中等职业技术学校位于大渡河畔、泸定县新城大坝教育园区，这里山青水绿、风景优美、气候宜人，是学生学习知识和技能的理想之地，也为教师开发校外资源提供了广阔的空间。比如语文老师教《端午的鸭蛋》这篇课文时，就结合介绍了藏族冬天做香猪腿和四季做酸菜的民俗；教《安塞腰鼓》则结合了甘孜踢踏、锅庄、巴塘弦子等民俗。学校的老师们特别强调，丰富多彩的民族文化，如历史上的英雄人物、民俗风情、礼仪、禁忌、艺术建筑、宗教信仰等都是宝贵的素材性资源，在特色课程体系建设中应该积极开发和利用，以发挥其应有的教育价值。

基层教师是区域特色课程资源建设中最能动、最活跃的因素。在推进新课程改革的过程中，为了全面实施课程改革的任务，充分发挥区域特色课程在完善人的素质方面所具有的独特作用，首先要高度重视基层教师这一核心资源，充分发挥基层教师在区域特色课程资源建设中的主导作用。在上述案例中，甘孜州中等职业技术学校的老师们注意到甘孜州的旅游、矿产、水能、药材资源都很丰富，注意到这些校外资源对于开展生态环境教育、爱国主义教育,培养学生爱好与特长的重要价值。在此基础上,学校大力发展课程资源建设,并把这些优质资源变为经济优势,为甘孜州经济建设服务。发挥基层教师在整合区域特色课程资源建设中的能动作用有利于促进城乡协调发展与文明进步,增进社会开放与和谐稳定等。由此可见,在区域特色课程资源建设中,要始终把基层教师队伍建设放在首位,全面提高教师的素质、能力和水平,增强教师的地方文化底蕴,发挥基层教师的能动作用,共同开发区域特色课程资源。

(二)加强校本教研,构建新型教研文化,促进民族地区教师专业成长

在新课改的指导下,藏区各级教育行政部门加强对中等职业学校校本课程开发的管理,各级教研科研部门对学校校本课程的开发与实施加强了指导,各学校充分认识到校本课程的价值和意义,积极开发和组织实施校本课程,不少学校形成了有自己学校特色的校本课程。特别是校本研训将学校活动、教师教育实践活动和教育研究融于一体。我们在考察中发现,许多藏区中等职业学校不断探索和建立适合学校实际的校本教研制度,开展了丰富的校本教研活动。教师参与校本教研活动的积极性和创造性不断增强,自我专业发展意识和实践能力不断提高。

案例 2—3

甘孜州中等职业技术学校注重特色，全力发展本土职业教育。学校实行双语教学，开设了适合藏区生产生活实际的农业技术、农村医学、藏医药、畜牧兽医、民族艺术等特色专业。通过双向选择、公开考调等方式，切实加强师资队伍建设，配齐配强职业教育师资。

案例 2—4

阿坝州卫生学校（以下简称"阿坝卫校"）立足校本，走民族特色校本研训之路。阿坝卫校坚持"行医德为本，教育最为先"的校训，根植于民族地区，凸显研训特色。在研训工作的管理上，学校实施"校长带动工程"。学校领导高度重视校本研训，注重区域特色课程资源开发。他们认为民族地区丰富的课程资源，为校本教研提供了"肥沃土壤"，为走特色教研之路提供了得天独厚的条件。该校老师结合新课程改革，在学校领导的积极引领下，不断推进校本教研，逐步形成了学校特有的校本研训特色。

案例 2—5

阿坝州中等职业技术学校老师也有类似的深刻体会：课程不能脱离藏族文化生活，特别是对传统文化的农牧区民来说,学生接受的不仅是学校教育,还有宝贵的传统藏文化教育。例如,在这所学校,生产第一线从事农业技术推广的专家及资深老师共 7 名,并且都是高级农艺师。他们在该校协办的阿坝州农民实用技术培训班上,开展针对性强的培训,内容紧密联系生产实际,以提高农业经济效益为目的。课程设置以当前生产上推广的新技术、新品种为主,重点围绕生产中遇到的难题,主要讲授了蔬菜、水果无公害栽培技术;酿酒葡萄栽培技术;甜樱桃矮化、密植、早丰产栽培技术;澳洲青苹果无公害栽培技术;蔬菜反季节生产技术等。特别注重理论联系实际,注重解决生产中的难题。在课程设置上,理论培训结合生产实践,有专业理论、生产实践、综合知识。学员深入田间实际操作果树整形、修剪,并参观了茂县蔬菜高产栽培基地、红星领地酒厂,实地考察了茂县车托村、坪头村新农村建设。对学员提出的在生产中遇到的问题进行了解答。这样的培训促成了教师教学与区域建设的交融,同时,学员也受益匪浅。据了解,培训使学员学到了不少农业实用理论知识,提高了学员的种植技术水平,加强了学员对现代农业的认识,对农业新技术、新品种的推广及农业增效、农民增收将起到积极的作用。又例如,为提高精品旅游村寨从业人员的素质,拓展乡村旅游客源市场,提升乡村旅游的吸引力和对外影响力,从 2010 年 7 月开始,茂县精品旅游村建设整体推进领导小组办公室组织开展了精品旅游村寨讲解人员和服务人员培训。阿坝州中等职业校教师参与进行了全方位的培训工作，并对教学技能技巧和服务标准的讲解进行了反思，促进教研服务地方经济建设。

上述三所学校的案例都立足于加强校本教研，构建新型教研文化，促进了民族地区教师的专业成长。例如，阿坝卫生学校立足校本教研，逐步形成了学校特有的校本研训特色，使校本教研真正成为课改的内在机制，促进了中等职业人才培养模式改革的持续深化，促进了教师的专业成长，促进了学校的发展。同时，藏区教育部门还出面组织了多个区域与区域之间的校本教研经验交流活动，拓展了校本教研活动开展的范围。

案例2—7

为提高阿坝卫生学校职业教育教师队伍的整体素质，优化职业教育师资力量结构，进一步推动阿坝职业教育的发展进步，十多年来，阿坝卫生学校与成都中医药大学、川北医学院、四川大学、阿坝广播电视大学等高校联合办学，培养大专学生千余名；阿坝卫校又与成都中医药大学、泸州医学院、川北医学院、成都医学院联合办学，开设5年全日制普通本科藏医学专业、初中起点定向医学生（临床医学专业）和五年制高职护理专业。2007年，阿坝卫校又与成都中医药大学附属医院针灸学校联合开办中医专业。

现有本科、专科、中专三个层次的在校学生共1400余人，在岗教职工80人，其中具有高级专业技术职称的教师20人。建校五十多年来，学校为全州培养、输送了7000余名中等卫生技术人员，目前全州基层医疗单位中，在岗医疗卫生专业技术人员90%是阿坝卫校的毕业生。2013年，阿坝卫校根据成都市市委宣传部《关于支持阿坝州教育卫生林业企业发展有关政策建议的请示》文件精神，与成都大学医护学院洽谈对口帮扶合作事宜。成都大学对口帮扶阿坝州卫生人才培养，对灾后重建的阿坝卫生学校予以支持。双方抓住机遇，共同推进地方医疗卫生事业和医学教育事业的发展，校本教研经验的交流专业涉及农村医学、护理等。

因为教研运行成本低、操作灵活、教师易于接受，与高等大学联合办学已经成为四川藏区提高中等职业教师新课程实施能力、发挥教师积极性和创造性、促进教师反思和交流合作最有效的制度。

（三）提高学生就业能力

案例2—8

甘孜州中等职业技术学校紧紧围绕全州"六大支柱产业"，培养适应藏区跨越发展长治久安需要和适应社会主义市场经济要求的各类中高级技术人才和实用人才。学校建设的目标是成为集中等职业学历教育学校、中等职业教育对外合作办学实体、劳动力转移培训基地、职业技能培训中心为一体的"龙头"学校。培养全面发展的学生是其核心任务。学校深化教育改革，加强管理，不断提升学校的办学水平，构建和谐校园，以教学为中心，抓好课堂教学、服务教学、服务学生，培养全面发展的学生，力争办出特色、办出水平，积极创建"国家级示范性中等职业学校"和"藏区规模最大、品质最好、设施一流的现代化职业学校"。全校教师在光荣感、责任感和使命感的驱使下，加强学习，爱岗敬业，不断更新教育理念，积极探索和创新职业教育的培养模式、教育方法和教育手段，提高职业技术教育教学水平。学校学生树立远大的理想，自强不息，认真学知识、学技能、学做人，夯实技能基础，提高就业能力，不辜负家长、学校和社会的殷切期望，做一名"思想品德好、文化水平高、专业技能强"的好学生。

具体来说，学校重点围绕甘孜州六大产业支柱，开设双语学前教育、双语小学教育、音乐、美术、舞蹈、畜牧兽医、现代农艺、财务会计、双语文秘9个专业。例如，学校非常重视学前教育专业开展教学实习工作，首先明确教学实习工作的重要性，指出教学实习是中等职业学校师范专业实践教学的主要形式，对师范专业学生巩固和运用所学的基础理论、专业知识，帮助他们初步树立良好职业道德、掌握基本教学技能、提高就业能力具有重要作用，也是学生全面检查其专业知识掌握程度和师范技能强弱、发现问题、采取改进措施的重要手段。切实做好学生教学实习工作方案和各项准备工作，明晰任务，明确责任。学校主动与县教育局衔接联系，共同做好学生教学实习工作。围绕甘孜州"百千万康巴英才"工程，创新人才培养方式，从2013年至2016年，甘孜中等职业学校拟在西南民族大学、四川农业大学和四川财经职业学院等院校开办畜牧、农业、财务会计等专业本（专）科班，力争用7年时间，培养600余名本州籍专业技术人才。同时，学校开设幼儿教育和文化艺术班、"三语"导游班、农业和畜牧班，加强基层基础人才培训、培养。

案例2—9

为积极配合中国—默沙东艾滋病合作项目阿坝民族群众艾滋病宣传活动项目开展，四川省中—默艾滋病合作项目阿坝项目点工作人员于2011年5月17—18日在四川省阿坝州卫生学校进行了一次学校"防艾"动员活动。阿坝卫生学校的同学们主动参与艾滋病防治宣传，不歧视艾滋病人，关心艾滋病人，让温暖流向社会，向在校学生宣传艾滋病防治，让同学们认识到艾滋病的危害，提高自我保护意识，珍惜生命，远离感染。在活动结束后，主办方阿坝卫校招募了20名左右藏族青年志愿者，经过后期培训，青年志愿者利用暑假回到自己的家乡参与中一默艾滋病项目的"家庭入户艾滋病宣传活动"。预防艾滋病工作是一项长期而艰巨的任务，需要全人类的共同努力。通过积极开展青少年预防艾滋病宣传教育活动，同学们真正明白了预防艾滋病，青少年不是局外人，从而主动学习预防艾滋病的知识，掌握自我保护的技能，自觉远离艾滋病感染高危行为。通过"倡导、参与、落实"，同学们必将成为预防艾滋病的生力军。

案例2—10

阿坝州中等职业技术学校积极开展技能比赛与培训。各专业学生在指导教师的精心组织下，对农牧技术、机械电子工程、汽车维修和藏医等专业的实际操作和实践能力进行了比拼，达到了加强专业技能教学，全面提高人才培养质量的目的。阿坝州唐卡羌绣特色品牌高技能人才培训班的专业培训，使学生们认识到，教学和实践的完美结合不但可以更好地掌握一门将来足以让他们安身立命的手艺，也增加了学生的日常收入，可谓一举两得。学校结合自身实际，充分利用实习基地，积极从事经济林木、蔬菜、花卉苗圃等的栽培，并取得了一定的经济效益。近年来，阿坝州中等职业技术学校以服务为宗旨、以就业为导向、以提高质量为重点，深化教育教学改革，切实加强基础能力建设，全面提高办学水平和质量，扩展了职业教育的层次结构，培养了一大批技能型人才。因此，学校以学生职业技能竞赛为起点，进一步深化和推进实践性教学改革，充分整合课程资源，抓好学生的技能培训、技能竞赛和技能鉴定，在全校形成了"重视技能、全员练兵"的良好氛围，突出"以学生为主体，以能力为本位"的教育教学思想，注重学生的职业技能训练，增强学生实践动手能力，全面提升学生职业技能素质，切实推进全校学生技能培养工作。

以上成功经验不仅为藏区课程资源整合与人才培养模式改革提供了一种新的形式，而且有利于加强区域特色课程资源教研制度建设，构建新型教研文化，促进藏区教师专业成长，促进中等职业人才培养模式的创新。围绕州政府、州教育部门的人才培养工程，我们应创新人才培养方式，开办区域特色的畜牧、农业、文化艺术等专业，深入挖掘特色民族文化资源，加强文化与课程资源的融合发展。例如，甘孜州中等职业技术学校围绕甘孜州六大产业支柱，开设双语学前教育、双语小教师资、音乐、美术、舞蹈、畜牧兽医、现代农艺、财会、双语文秘等9个特色专业。阿坝州卫生学校倡导立足藏区、参与社区服务、落实防艾任务。阿坝州唐卡羌绣特色品牌高技能人才培训班将教学和实践完美结合，扩展了职业教育的层次结构，培养了一大批技能型人才。这些培训不仅对丰富课程资源及其文化内涵、创新课程改革等具有重要意义和作用，还为促进优秀民族文化的保护与传承、丰富群众的文化生活、推动文化创新和文化产业发展搭建了重要载体平台，更好地发挥了中等职业人才培养模式改革在推动地方经济社会发展和改善民生、促进城乡协调发展与文明进步、增进社会开放与和谐稳定等方面的社会功能。

事实上，学生学习的各种技能性知识是现代社会生存所必需的。这不仅对学生未来找一份适合自己的工作有益，而且，学生将这些一般性的生存知识与民族传统文化相结合，使这些现代知识与民族传统文化发生实质上的联系，客观上既促进民族文化的传承与发展，又对丰富中华民族文化具有重要的作用。

同样，学生学会这些知识后，会不自觉地将这些知识与自己从小就享有的民族文化联系在一起，他们会用这些知识将现代科学知识与传统经验技术有机地联系起来，在日常生活中，在平常的工作中，在各种传统仪式中，自然地将外界知识与本土知识融为一体。无形中既为地方经济发展作出了贡献，又为民族文化的传承与拓展开辟了新的道路。

三、整合区域特色课程资源、支持藏区中等职业人才培养模式创新面临的需求与困难

整合区域特色课程资源、支持藏区中等职业人才培

养是藏区职业教育发展的途径，我们在上述案例中已经获得证实，然而，我们也看到在实践此项工作的过程中也存在着新的挑战与困难。

（一）整合区域特色课程资源、支持藏区中等职业人才培养模式改革的需求讨论

从国家整体和藏区地方层面来说，整合区域特色课程资源、支持藏区中等职业人才培养模式改革是构建社会主义和谐社会的需要。目前，藏区贫困问题已经成为构建和谐社会过程中遇到的最大难题，而问题的解决在很大程度上取决于人才素质的提高。藏族地区新型人才的培养需要相应的课程资源支持课程改革。因此，藏区中等职业学校区域特色课程资源开发的成功与否关系着藏区新型人才培养的成败，关系着藏区构建社会主义和谐社会的成败。

从目前藏区人们的真实诉求来说，整合区域特色课程资源、支持藏区中等职业人才培养模式创新是实现民族教育目标的需要。在新课程框架下，开发与利用藏区特色课程资源，对于彰显藏族特色，落实"藏汉兼通"、"双文化"、"德才兼备"的政策，贯彻教育方针，实现民族教育目标都有推动作用。因此，整合区域特色课程资源、支持藏区中等职业人才培养模式改革是本土化研究的需要。

并且,从国家今天的发展速度来看,整个藏区已经不可能再保持传统的单一产业结构了。过去以农业、牧业为主的产业结构本身已经发生变化,新技术的应用、新产品的推广随着市场扩大已经对农牧民素质提出了新的要求,同时也为人们提供了更多、更宽广的致富道路。同样,食品加工业、传统手工业、建筑业、交通运输业、天然水资源开发、中药材制造、旅游业、文化艺术产品开发等等,所有这些都以前所未有的速度飞速发展,展示在人们面前的将是新型的未来高原,一个美丽又丰富的高原。要求人们不仅能够利用新技术,制造新产品,更要求人们能够在发扬优秀传统的基础上学会更好地保护自然,与自然和谐相处,代代相传。

(二)整合区域特色课程资源、支持藏区中等职业人才培养模式改革所面临的困难

面对上述需求,随着新课程改革的全面推进和深入,人们开始对以校为本的课程资源开发利用以及学校、教师发展策略给予极大的关注。本研究结合藏区课程资源的实际情况,将整合区域特色课程资源、支持藏区中等职业人才培养模式改革所面临的困难归结为以下四个方面:

1. 城市化价值取向定位的局限性

目前的城市化发展取向直接影响到中等职业教育培

养目标的定位。培养目标是课程最重要的出发点。费孝通教授明确指出,在中国,将农民送往城市,发展特大城市,不能解决农民问题,而应该让农民服务自己的社区,发展中小城市,发展区域经济文化。同样,民族地区的教育也应该注重培养利于民族地区发展的人才,而不是从民族学生中培养极少量的城市建设人才。

我们在调查中发现,部分藏区学校以城市价值取向为目标,这直接影响了学校的定位取向,从而影响到学校对本区域课程资源的重视程度。例如,"绩效责任"为了达到国家社会整齐划一,狭隘地忽视了对个性创造力的培养,而重视常规的国家标准化测试(Sternberg, 2005)。这种外在的教育体制的价值观念约束着学校文化资源选择利用的方向。城市文化、汉文化、发达地区的技术文化、专家文化等通过学校传统课程对藏族学生民族意识的影响不断增强。由于行政管理的体制为学校的生存和发展提供保障,也由于藏族学校面对的不仅仅是本民族的观念,还有内地的文化价值观念,所以学校通常选择顺应外在教育制度文化而不是主动创造适合自己的制度文化(巴登尼玛,2004)。

如今"学而优则仕"的观念依然根植于人们头脑中,多数家长、学生表现出对普通中学的偏好,对中等职业教育持冷漠、不认可的态度,认为"只有成绩不好,没出息的学生才去职校念书"。家长和学生对中等职业教育不认同,家长对子女的期望值太高,都想"读书做官",而不是读书求职。中等职业教育是培养有一技或数技之长的技术型劳动者,无法满足这种借读书出人头地的心理需求。这就是很多学生即使上不了高中也不愿上职业技术学校的重要原因。传统的"学而优则仕"和鄙视职业教育等社会偏见是在特定的历史时期和特定的社会环境中所产生的人们对教育的功利性认识,而这种认识与政府的有关教育政策、人事政策、就业机会、经济条件以及教育机会等因素密切相关(张宁,2009)。从当前社会用工情况来看,"高才低就"的现象不仅给藏区有限的教育资源造成极大浪费,而且对整个劳动力市场造成了负面影响。在高呼"以人为本"素质教育的同时,急功近利的思潮仍无处不有。以城市价值为取向的单一目标定位使得单向的文化价值取向渗透整个教育系统,直接影响了学校对本区域课程资源的重视程度。

2. 课程内容的选取与藏区实际联系不紧密

课程内容的选取受到价值取向目标定位的左右(李梅,2010)。在考察中我们了解到,藏区课程设置基本参照发达地区,缺少具有藏区特色和藏族特色的本土课程资源,与藏区建设、藏族学生生活、当地藏族的风俗习惯联系不够密切,不能很好地适应藏区学生发展需求。目前,藏区学校基本统一使用统编教材。统编教材注重统一性和基础性,具有相当的抽象性和概括性,只提供了最基本的共同的学习领域,编排也没按照藏族学生熟悉的思维方式,与藏族学校带有地域性和学校特点的发展要求有着一定的距离。缺乏与新课程配套的课程资源,这是目前藏区新课程改革遇到的最大障碍。即便有的学校已经开发了校外课程资源,并设置了校本课程,但基本上是形同虚设,课表上这类课程的安排,往往是为了应付上级检查,实际上却被国家课程挤占、挪用。由于升学考试的压力、国家课程的影响、资金来源困难、课程开发的意识和能力薄弱等,藏区大部分地州学校的校本课程开发还没有实质性的进展。

藏区中等职业学校人才培养仍大都局限于传统的以学校课堂为中心、以教师为中心、以书本为中心的模式上,这种模式既不适应培养技能人才的素质需要,也不是职业教育本身的属性,自然对办学规模扩大缺少推动力(吕静锋,2009)。这种教学模式造成学生没有实际操作能力,进入到工作岗位时也只会"纸上谈兵"。各区域之间经济、社会、文化、教育发展如此不平衡,在教材(教学内容)上那么多的"国家统一"合适吗?我们调查发现,一些中等职业学校学生毕业时实践操作能力差,综合素质差,不能适应市场需要,从而造成就业困难。由于培养的学生就业困难,造成社会、家长、学生对中等职业教育失望,导致很多中等职业学校越办越难。所以，本研究认为，使课程内容贴近当地区域经济文化发展需要、贴近产业结构变化与学生的实际是当前藏区中等职业课程改革的重点和难点。

3. 课程实施缺乏情感参与

在关于动力研究的综述中，莱茵哈德·佩克朗（2009）解释道，情感影响了人类很多行为，其中之一是参与。本研究发现，课程实施确实影响了情感参与的许多方面。这里我们来思考藏区中等职业学生的自卑问题。

随着对少数民族职业教育特殊性认识的加深，国内外学界开始逐步对少数民族学生自卑问题进行研究。近年来，区域文化因素越来越受到研究者的重视，探讨区域文化差异成了自卑心理研究中值得注意的新动向（Banks，2010；钱民辉，2011）。特别是多元文化教育理论提出学校教育应反映多元文化和平等教育的主张，培养学生正确而积极的群体自我意识，提高学业成绩和文化能力（Banks，2010；Sleeter，2011；钱民辉，2011）。在中国，民族教育中的多元文化教育正在由理念走向实践。研究少数民族学生自卑现象与多元文化教育的相互渗透为整合区域特色课程资源、改革民族地区中等职业人才培养模式带来了新的希望，同时也带来了新的思考。

访谈资料显示：大部分教师心目中的"优等生"大

多是汉族地区好孩子的形象。教师总是依照这种"形象"去评价自己的学生。他们甚至对成绩不好的学生产生歧视,不主动与他们交流,对他们没有投入应有的关注。而学生觉得自己没有优点值得老师注意,感到自卑,不爱说话,性格内向。在社会(包括学校、社区、家庭)教育评价影响下,学生对学习目标的迷茫、对考试的反感拒绝、厌学逃学等就是自卑心理意识的客观表现。通过大量观察和深度访谈,我们发现藏区中等职业学生自卑心理有以下三个典型的表现形式。

第一,自卑形成羞怯封闭。藏区中等职业学生普遍不善言辞,过多约束自己,使自己的才能无法得到充分发挥。有些学生因为考试成绩不理想,悲观失望;成绩差的学生会拒绝老师、同学的帮助,把疑问和困难留在内心深处,并竭力掩饰自我,甚至悄然离校或辍学回家;有的学生盲目拼命地学,但总得不到老师鼓励,觉得自己没用。家长说:"孩子自幼聪明好动,不知从什么时候起就不喜欢跟外人说话了。"我们常常看到,这类学生对学习没有兴趣。他们很容易封闭和沮丧,进而怨天尤人,自暴自弃,在学习和生活中情绪低落、意志消沉。他们集体冷漠,与老师感情疏远,整天躲躲藏藏,有意回避老师。遇到一些小的挫折就感到困难重重,过度否定自我,过分夸大自身不利因素,从而丧失对学习的热情、对生活的信心。

第二,自卑形成消极的自我评价。笔者在甘孜州康定县考察时发现,如今许多人正是通过中等职业学校教育涌向城镇寻找就业机会,这些已经进入城镇和想要进入城镇的人们更将学校要求视为评价孩子素质的主要标准。在情况相似于内地的藏区城镇学校,成绩好的学生及家长不仅会让其他同龄人或其他家庭的羡慕,也会得到教师的偏爱,还能得到学校的奖励。这就使学生家长对中职学生的看法产生了非常大的影响。消极的自我评价,促使了焦虑、沮丧、压抑、偏执、戒备等自卑心理的产生。

第三,自卑形成反感拒绝。有自卑心理的学生往往被视作问题学生。有时简单粗暴的训斥和各种形式的"整治",还会使他们产生对抗和敌意,甚至发生过激行为。笔者在甘孜州康定县了解到,那些考试成绩不理想的学生不仅被老师忽视,也成为大家眼里"不能干的人"。一些男孩毕业后,在外地没有打工机会,回到家无一技之长,加之对当地传统文化的了解贫乏,几年后又成为新文盲,至今仍留守家乡,游手好闲。随着时间的推移,这些读过书的学生会把生活的不如意归结为学校教育。当地村民和家长也觉得送孩子到中等职业学校读书不实惠。这在很大程度上降低了学生的入学积极性,造成社区对中等职业学校教育寄予的期望与学校教育结果相悖。

4. 课程评价体系存在严重缺陷

职业教育的城市价值单一取向阻碍了藏区中等职业人才培养模式改革的顺利进行，也造成了藏区真正急需的人才无法得到培养。目前，评价民族地区人才质量的标准仍然是学生的考试成绩，这就阻碍了藏区课程改革的顺利进行。在我们考察的藏区，部分县一级教育管理部门同样受到类似价值观的支配，在他们制定的各种针对校长和教师的评估方案中，主要还是以传统教育中的语文、数学成绩来评估；上级在评估他们的工作成绩时也同样受到省、国家教育行政部门的教育价值观的支配选择（巴登尼玛，2004）。

如前文所述，部分藏区学校以城市价值取向为目标定位，这直接影响了学校文化的取向，课程内容脱离实际，从而影响到学校对本区域课程资源的重视程度。这种外在的教育体制的价值观念不仅体现在教育行政部门的政策和制度上，也体现在整个社会对学校教育价值的评价上。重智育、追求学历是现有教育体制的特征，教师评价、学生评价、行政官员的评价以及用人单位雇佣标准等直接或间接地反映着功利主义和工具主义的价值取向。目前藏区学校和内地许多学校一样重知识教育，忽视对价值规范和艺术的教育，即重视智育，德育和美育则次之。所以，只要学校的活动是有利于学生成绩提高的，学校就无需关注当地丰富的文化和生动的生活。

这是现行教育体制的弊端。

从总体上看，独特丰富的区域文化资源优势尚未在中等职业教育中得到充分整合。文化资源挖掘的深度和综合利用都不够，缺乏推进区域文化与课程资源融合发展的有效机制、体制和相应的保障政策，因而，学生形成多元文化社会所需的能力、情感态度和价值观受到抑制。

藏区学生多元化的发展需求呼唤多元化的教育。社会多元化的人才需求呼唤多元化的教育课程体系。区域中等职业教育在促进区域经济社会可持续发展、构建社会主义和谐社会的过程中扮演着重要角色。中等职业教育的政策资源、物质资源、人力资源、文化资源等教育资源的整合也成为人们关注的焦点（吕静锋，2009）。应当说，通过实地考察，本研究对整合区域特色课程资源、支持藏区中等职业人才培养模式改革中的教育现状及教育运行做出了较为全面与准确的概括。

第三章
理论探索

通过上一章的现状考察，本章比较三类藏区特色课程资源的构成、类型、特征及其价值，进而从理论的视角，集中分析课程资源整合对藏区中等职业人才培养模式创新的支持功能及其实现机制，为本研究提供了基本的分析框架。

一、区域特色课程资源的构成、类型、特征及其价值

对区域特色课程资源整合而言，独特丰富的自然文化资源是学校发展特色的宝贵资源。藏区地域生态多元独特。地貌分为高原、山原、高山峡谷三大类型，气候复杂多样，区域内农牧业、林业、矿产和旅游资源丰富，地域差异显著。三类藏区课程资源分布受到多样的自然生态环境和人文环境的影响，产生了丰富的民族文化。民居建筑、服饰、饮食、生产生活用具及民间手工艺等显著的藏文化符号是民族文化的物质层面表现，透视着民族文化品格，具有普遍存在性。同时，受历史上汉文化迁入的影响，少数民族文化与汉文化相互交融，呈现了多元化的文化格局，形成了以藏族文化为主，包含汉、羌、彝、回和纳西族等多个民族特点的多元文化圈。藏区文化具有复杂性和多元性的特征。区内分布着大量有藏民族文化特色的文化遗产，具有独特多样的生态文化、地质文化、宗教文化、民族文化和红色文化，这是民族文化的精神层面。从行为形态层面而言，民族礼俗、民间歌舞、文学艺术、风俗习惯、道德及约定俗成的规范等是体现藏族伦理道德、思维方式和生存观念的重要载体，蕴含着藏族的精神追求，充分反映了藏族的性格和品质（巴登尼玛，2004）。

　　上述物质、精神、行为形态三个层面相互交织、相互依托。这三个层面的文化中包含着许多丰富和宝贵的特色课程资源，如具有丰富教育意义的传统历史文化、红色革命文化、人文地理文化、民间艺术文化等优秀藏文化要素。藏区曾是中国工农红军长征爬雪山、过草地的地区，成为红军长征留驻时间最长，留下文物遗址最多的地方。宗教作为藏区既有的社会现象，有着深厚的历史、社会、文化基础和渊源。这些文化资源是在长期的历史演进中积淀而成的，它是一个民族的伦理道德、风俗习惯、文化教育、人生观、价值观与现代理念、现代科技融合的结果。这些深厚的特色突出的文化资源对于创新中等职业人才培养模式具有明显的资源优势。

正如第一章的论述，新一轮课改提出了课程资源这一重要概念，提倡对教材资源进行拓展，深入挖掘包含丰富思想和体现民族风格的文化内容，将其整理成书面文字，运用文字载体使其得以保存，并可作为学校教育内容，促进特色学校的建设和形成（巴登尼玛，2004）。基于此，阿坝州中等职业技术学校老师在教学反思中深刻体会到，课程不能脱离民族文化生活实际，特别是对于作为传统文化守望者的农牧区民众，更是如此。学生接受的不仅仅是学校课本的教学，除此之外还应有学校以外的传统文化优秀内容的教育。作为在特殊地域辛勤耕耘的中等职业老师，在实际课程资源开发的教育教学中，必须审视这一现实问题。课程资源的开发必须着眼于民族地区学生生存的文化环境，只有这样，才能有效建构个体的认知模式，提高认知水平。从老师们的教学反思可以看出，区域特色课程资源的整合意味着创造性的视界交融，也证明了区域特色课程资源的整合对于创新人才培养模式的价值。

值得关注的是，整合藏区特色课程资源、创新人才培养模式的价值还关系到教育方针政策的取向基础，关系到国家的稳定与发展。从历史上看，四川藏区是南北民族迁徙和交融的重要通道，它处于全国五大藏区的结合部,因此也是通向西藏的文化及交通枢纽。我国历代的政治家都把康藏地区作为"活藏之依托","沟通汉藏之桥梁"。四川藏区的地理和历史文化资源特点都说明了它在区域和国家经济、文化及政治上的重要战略地位。国家领导人多次明确指出"稳藏必先安康"。藏区特殊的地理位置决定了其生态环境的脆弱性,使其成为关系能否实现经济社会可持续发展和社会和谐进步的关键。因此,藏区中等职业教育的稳定与发展,不仅是对藏区社会经济发展的贡献,也关系到整个国家的稳定与发展,是维护祖国统一和加快民族地区发展的一个重要因素。

学校课程内容的建设也需要根据其文化结构的基本层次来安排。首先是关于做人的内容,即文化深层结构中的生命观、生存观所体现的人与自然、人与社会、人与自身的基本关系;其次是关于价值方面的,如真善美、假恶丑等方面的标准与判断;再次是一般行为方式,即对待自然、他人、其他动物等的态度、方式等见于外在的一般行为过程。在行为过程中批判传统的不足,提炼传统的精华,保持其优秀内容,摒除其糟粕。职业教育不仅是一般技术或手段的教育,也是对其技术后面隐含的做人、做事的道理的教导。

无论从哪个方面分析,我们都能深刻体会到这个高原上人与自然环境的相互依存、相互促进、共处共融的重要性。在藏区，我们看到人们热爱大自然、与大自然和谐相处的生态文化传统。我们需要对这些优秀文化传统进行政策引导，通过区域特色课程资源整合对它们加以保护和传承，因为这些文化传统正是我国生态文化和生态文明的根源之一。我们要重视区域特色课程资源整合中人与自然、社会的和谐发展，以解决在此过程中出现的人与自然、人与社会的矛盾。因此，整合区域特色课程资源、支持藏区中等职业人才培养模式创新既要追求人与生态的和谐，也要追求人与人的和谐。

基于上述对藏区特色课程资源的构成、类型及其价值的分析，藏区文化资源多类型并存与发展水平的不平衡等显著特点为集中分析整合课程资源对中等职业人才培养模式改革的支持功能及其实现机制提供了依据。具体表现在：（1）脆弱性。恶劣的自然条件、闭塞的地理环境，阻塞了藏文化的交流，造成了文化横向传播的困难。人为因素的破坏在藏文化的物质形态领域表现突出。（2）多样性。藏区课程资源的多样性，不仅体现在藏文化的物质形态上，更体现在藏文化的精神形态、行为形态及制度形态中。（3）不平衡性。藏区地域差异大，各区域经济、文化、地理、社会乃至民生极不平衡，由于族源、自然与社会背景及经济基础的差异，课程资源整合与发展也是不平衡的。身处藏区丰富多元的文化资源中，中等职业学校教育可以从上述物质层面、精神层面、行为形态层面中选择、利用和整合特色课程资源，支持人才培养模式创新，从根本上适应藏区社会发展并提高教育、追求民族平等、张扬个性的终极价值。在整合区域特色课程资源、支持藏区中等职业人才培养模式创新中，我们需要构建与藏区自然人文相契合的职业教育，需要构建以人与自然、人与人、人与社会和谐共生、良性循环、全面发展、持续繁荣为基本宗旨的文化伦理形态，促进藏区经济社会健康和谐、可持续发展。这也是国家统一、长治久安、民族团结之关键。

二、区域特色课程资源整合对藏区中等职业人才培养模式创新的支持功能

藏区的区域性和民族性特征十分明显，加上传统文化、宗教信仰、地理环境等综合原因，发展藏区中等职业教育基础薄弱、难度很大，藏区职业教育改革和发展的理论研究很单薄（郭兆利，2010）。此论断并不尽然。事实上，正因为藏区独特的自然条件和文化特征，其职业教育课程的资源尤其丰富。但由于其教育基础差，课程开发滞后，许多宝贵的资源没有得到开发。正如第一章的综述中所阐述的，从目前藏区中等职业教育发展的理论研究来看，除了政府部门的发展规划外，基层对整合区域特色课程资源、支持藏区中等职业人才培养模式创新的问题还没有足够的分析与研究，理论上十分薄

弱。本研究在比较三类藏区特色课程资源的构成、类型、特征及其价值的基础上，从理论的视角，集中分析和研究课程资源整合对藏区中等职业人才培养模式创新的支持功能。

（一）挖掘课程资源、发挥课程的融合功能

区域特色课程资源整合可以促进藏区生态文明的发展。通过整合区域特色课程资源促使学校与社区形成共同的愿景。区域特色文化生态资源使生活在藏区的人们通过文化生态纽带产生思想上的沟通与共鸣，从而使发展藏区生态文明的共同愿景得以实现。同城市学校相比，藏区学校与自然环境更亲近，利用自然资源有着更为得天独厚的条件，利用起来更为直接、方便、有效，易于为师生所吸纳。我们设身处地地从藏区特有的地理特性出发，充分利用地域特性，结合学科实际整合课程资源，以体现藏区中等职业教育发展与区域生态文明发展的深度融合。

藏区中等职业教育发展与区域生态文明发展的融合有利于学校培养高技能人才。藏区中等职业教育既具备教育的一般属性，又具备与藏区相对应的区域属性。因此，藏区中等职业教育的人才培养应该依据藏区社会发展的需求来决定。职业教育培养的是技能型人才，技能型人才也是实践型人才，应注重培养其实践的工艺技术

水平。在藏区，技能型人才的成长和发挥离不开区域这个大家庭。藏区中等职业学校培养的学生要在其区域内实践学习，才能不断提高自己独有的适应藏区经济发展内在需求的工艺技能水平。藏区职业技术教育只有得到区域的认同和参与，才能在培养人才的过程中围绕藏区社会的需求而进行，从而确保教育的针对性和实用性。同时，藏区中等职业教育发展与区域生态文明发展的融合能将藏族技术、工艺等纳入教学内容中，使内容更具特色。

案例 3—1

阿坝州中等职业技术学校按照职业技术教育规律，走与企业共同培养学生成才的双元制模式，大力倡导教师与师傅合一、学生与学徒合一、教室与车间合一、作业与产品合一与产教合一的"五合一"育人理念。例如，学校早期开设的唐卡技能课程，由于师资力量比较薄弱，缺乏合适的培训教材，但随后，学校通过与当地唐卡技师进行合作，聘请技师对学生进行具体的指导，同时选派多名唐卡专业教师系统地学习了藏族不同传统画派唐卡的技艺画法，确保了教学质量，传承了藏族技艺与文化。学校与社区企业共建、合作，强调藏区职业教育与文化、科技、经济的结合，与生产实践技术推广相结合，与国家相关职业标准和职业资格考核鉴定相结合，采取"走出去，请进来"的措施，发挥中等职业教育的社会服务功能。在教师培训上，着力打造一支"双师型"、"复合型"、"能工巧匠型"教师队伍；在教学上，根据不同专业特点，着重技能训练，重视实践操作，成立了职业技能鉴定所，按照"厚基础、宽口径、重实践"的原则，实行"订单式"培养，"菜单式教学"。通过整合区域特色课程资源的建设途径，该校在学生培养上，切实从培养干部型向培养懂技术、会操作的实用型、技能型人才转变。

阿坝州中等职业技术学校的"五合一"育人理念在强调社会和文化方面的发展目标，强调自我、人际关系、社会和环境等价值观的同时，特别重视现代藏区社会所需要的基本技能的培养。上述做法有利于藏区中等职业课程资源发展与区域生态文明发展的深度融合。根据结构—功能的观点，这种融合使对学校人才培养模式的创新从物质保障、人力保障和思想观念保障等方面提供支持功能。根据此案例，我们不难看出藏区课程资源开发与独特的自然环境有着密切关系，关键在于学校如何打开自己的视野，不完全照搬内地方法，发现本地区独特的自然条件和优势。

（二）提高课程的协调功能

区域特色课程资源可以加强课程的协调作用，促进区域平衡发展。社会协调功能是课程文化资源的重要功能之一。文化可以调节人的认知与情感,促进人们放宽视野,和谐相处,这与促进藏区和谐发展的理念一致。区域特色课程资源整合使得生活在藏区人们在人才培养模式改革发展的过程中,适应藏区经济发展需求、认同藏族文化,从而实现藏区和谐、协调发展的目的。

根据《甘孜州中长期教育改革和发展规划纲要(2011—2020年)》,甘孜州政府将协调发展作为职业教育工作的主攻方向,要统筹质量、规模、结构、效益,统筹城乡之间、区域之间的发展,统筹改革、发展和稳定,要优化资源配置,切实推动职业教育协调发展。教育要协调发展,根本靠改革。改革创新是教育协调发展的强大动力。州政府以体制机制改革创新为重点,鼓励各县(校)大胆探索、创新人才培养体制,要加快解决经济社会发展对高质量、多样化人才需要与教育培养能力不足的矛盾,以及人民群众期盼优质教育与资源相对短缺的矛盾,构建符合甘孜州教育发展实际的中等职业人才培养体系,为教育事业协调发展提供强大动力与活力。

案例 3—2

甘孜州政府积极推进甘孜州中等职业技术学校、甘孜卫生学校、康南康北片区职业教育学校（职业教育中心）和农业产业化、农村实用技术、生态旅游、民族文化、藏医药、民族手工业、畜牧兽医、林果业8个中等职业实训基地建设。配置设施设备，加强专业和课程建设，提升教师专业素质，提高中等职业学校办学水平。甘孜州中等职业技术学校开始尝试人才的"订单"培养，还根据用人单位对专业、技能和素质的要求对教学计划和专业设置等做出调整，以适应藏区的需求。并开设双语学前教育、作物生产技术、畜牧兽医3个专业。由于该校坚持以就业为导向，实行校企合作、产教结合，重视专业建设，学生技能扎实、业务熟练，成为了适应当地经济发展的人才。

由此可见，着力推进职业教育发展，以社区内人的发展为本，通过对学生基本生活素质、职业道德、职业技能、综合职业素质，尤其是就业、创业能力的培养，以及对地方经济建设和文化建设的理解，确保技能型人才培养质量，能够极大地提高毕业生对藏区劳动力市场的适应能力。上述案例中，甘孜州中等职业技术学校和甘孜卫生学校建设中等职业实训基地，体现了学校对区域经济文化建设的理解，学校特别关注农业产业化、农村实用技术、生态旅游、民族文化、藏医药、民族手工业、畜牧兽医、林果业等区域特色产业。整合区域特色课程资源的协调作用有助于拓宽学生就业渠道。就业率是衡量中等职业学校办学质量的重要标准。上述两所学校通过整合区域特色课程资源、调整专业设置,增强学生实践能力,深化教育改革,使学生的创新意识、动手能力、自学能力等更适应藏区对人才的需求。

(三)发挥课程的辐射功能

区域特色课程资源可以提升藏区师生素养,促进藏区课程内涵发展。区域特色文化资源通过整合支持中等职业人才培养模式改革,使居住在不同区域的藏族人民具有了某些"共性",这种文化辐射的功能与藏区教育发展具有目标一致性,结合全国职业教育的共同性,其最终将发挥辐射作用,实现藏区人们素养的普遍提升。

整合区域特色课程资源、创新藏区中等职业人才培养模式的成败的关键是社区的积极性和参与程度,而社区的动力和责任感来自于社会的共识和制度。因此,政府要努力争取建立学校—社区(如校企合作)办学制度,为学校—社区共同发展奠定基础;同时,要争取政府和各行政主管的支持,形成学校—社区合作教育的良好社会氛围和政策环境。

一方面,学校—社区合作有助于建立稳定的校外实训基地。良好的实训基地,是培养高技能人才的基础和保证。学校—社区合作,将社区定点为学校的实训基地,并组织学生在社区实训基地内进行现场操作,学生能够得到高水平、高技能的实训。学校与社区的合作办学，学生亲身接触社区生产现场，有助于学生将理论与实践结合，避免脱离实践，并乐于从事藏区工作；引导学生探索，提高人文素养，是学生心理发展和区域文化结合的基本点。另一方面，学校－社区合作有利于社区的发展。随着科技进步和城乡结构调整步伐的加快，社区需要大批具有一定理论基础的技术应用型人才。学校－社区合作，能使学校更好地了解社会对人才的需求情况，并不断地改进教学，使教学与社会实践更加贴近，培养的人才更加适应社会需要，有利于社区的发展。

案例3—3

阿坝州茂县蔬菜高产栽培基地、红星领地酒厂以阿坝州中等职业技术学校为基地，校企合作共同实施企业高技能人才培训项目，实行订单式培养，统筹企业员工培训，形成了符合企业实际需求的高技能人才培训体系。通过几年的合作，这些企业高技能人才比例有了大幅度的提高。

案例3—4

为持续发展民族特色产业"唐卡"，阿坝州中等职业技术学校在省、州、县农业办公室的大力支持下，积极研发阿坝州唐卡绘画技能培训教材，开展阿坝州唐卡特色品牌高技能人才培训班,让老百姓通过专业技能培训实现增收致富。这一举措填补了四川省乃至全国都没有唐卡绘画技能培训教材的空白,对于规范唐卡绘画技能培训标准,有着重大的意义。

阿坝州中等职业技术学校抓住藏区文化这一核心,整合区域特色课程资源,创新藏区中等职业人才培养模式,发挥了中等职业教育发展对于藏区区域生态文明发展的文化辐射功能。重要的是,我们在分析课程资源整合对藏区中等职业人才培养模式改革的支持功能过程中深刻体会到,生态文明是人类对传统文明形态特别是工业文明进行深刻反思的成果。区域特色课程资源的整合与藏区文化生态系统是高度同构的关系。通过集中分析课程资源整合对藏区中等职业人才培养模式改革的支持功能,为本研究提供了基本的分析框架。建立人—自然、人—社会、人—自我的三重理论分析框架,通过人与自然、社会、自我三个维度的分析,突破整合区域特色课程资源、支持藏区中等职业人才培养模式创新的基本维度、主要方式和途径的相关理论,以更有针对性的理论为藏区中等职业人才培养模式的改革和创新提供依据。

三、整合区域特色课程资源、支持藏区中等职业人才培养模式创新的实现机制

区域特色课程资源是藏区最为宝贵的课程资源,对

于藏区教育发展来讲，区域特色文化通过深化藏区课程资源发展内涵、拓展课程资源发展外延，对藏区中等职业人才培养模式改革发挥着重要的作用。如何通过有效机制，充分发挥藏区区域特色文化的优势，是藏区教育特色发展、突破瓶颈的重要路径。区域课程资源整合涉及人—自然、人—社会、人—自我三重关系，它们分别从物质、社会和心理三个方面支持中等职业学校人才培养模式创新的实现机制。在此意义上，自然、社会、学生是整合区域课程资源、支持藏区人才培养模式改革的三个基点。这一部分，我们按照层次和结构理论划分，集中分析藏区中等职业学校的课程资源整合对人才培养模式创新的实现机制。

（一）按层次分，区域特色课程资源应在领导和执行两个层面形成合力，协同中等职业人才培养模式的改革

区域特色课程资源在领导层面促进藏区中等职业人才培养模式改革，主要体现在区域特色课程资源影响政府对藏区人才培养模式改革方向的决策之上。只有政府重视、特色引领，区域特色课程资源才能发挥其在人才培养模式改革中的融合、协调、辐射作用，也才能使课程资源充分体现藏区特征，并在各具特色的人才培养模式改革中明确其发展方向。进而，在执行层面上，通过理论研究和实践相结合的方式打造区域特色课程资源整合模式,探索适合不同类型藏区发展的人才培养模式改革之路。

基于中等职业人才培养模式改革有助于提高学校教师队伍建设。新一轮课改提出了课程资源这一重要概念,提倡对教材的处理以现行教材为本,丰富和拓展区域教材资源。在新的形势下,领导层面和执行层面都要求学校和教师更多地把区域特色教材作为课程资源的一部分来使用,要结合本地实际、教师的特点和风格以及学生的现状,创造性地开发整合区域特色课程资源,打破传统观念束缚,确立全新理念,树立自学自研意识,提高自身能力。然而,由于长期受到"重理论轻实践、重科学轻技术"的思想影响,某些学校教师往往更偏重于对理论知识的掌握,解决实际生产生活中的问题的能力相对薄弱。根据整合区域特色课程资源、创新中等职业人才培养模式的改革决策,学校—社区合作让教师深入到生产生活第一线,及时了解工艺设备等情况,掌握社会对人才培养和专业变化的要求。同时,还可以积极引进社区中有丰富工作经验的技能技术人员来校做兼职教师。这些对于提高教师队伍的教学能力起着重要的作用。于是,社区就向教师提出了新的要求,教师除了拥有高度职业化的品质外,还应该善于在多元文化教育空间中表现出对多元文化和地方性知识的尊重,具体体现在领导决策层面与执行实践层面。

1. 领导决策层面

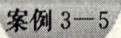
案例 3—5

阿坝州中等职业技术学校领导班子带领全校教职员工，按照州委、州政府提出的"三十二字"工作方针和《国务院关于大力推进职业教育改革与发展的决定》，认真转变人才培养观念，理清发展思路，落实职业教育要"为经济结构调整和技术进步服务，为促进就业和再就业服务，为农业、农村和农民服务，为推进西部大开发服务"的要求，将职业教育定位于技能教育，是"饭碗打造工程"。树立了"以学生技能培训为根本，以市场需求为导向，以学生就业为目标，培养合格的实用型、技能型人才"的办学理念；秉承"人本，励志，勤学，技强"的校训；确立了"立足州情，走出州门，辐射州边，面向农村，致富农民，服务社会"的办学方向。全校教职员工把领导的关怀变成动力，克服种种困难，发扬"二次"创业精神，提出一年打基础、两年见成效、三年创省重、四年创国重的奋斗目标，在硬件、软件都不具备的情况下，边争取资金边建设，边建设边招生，边招生边推荐就业。经过艰苦创业，学校发生了根本的改变。每年培训的各类实用技术人员达到3000余人。

同时，学校采取多层次、多形式、多元化办学模式，与四川大学、西南财经大学、四川农业大学、西华大学、四川行政干部管理学院、四川教育学院、成都纺织高等专科学校等联合举办成人高等教育和"五年一贯制"普通专科学历教育,并积极举办各类实用技术培训,实现"多条腿走路"。目前,学校已构建起职业教育与高等教育相沟通的人才培养"立交桥",形成了"普招"与"成招"相结合、中专与大专相结合、培养与培训相结合、自办与联办相结合的办学体制,是一所融职教、成教、实训为一体的现代化职业学校。学生毕业时在取得毕业证书的同时,还将取得劳动保障部门颁发的职业技能等级证书,毕业后到行政、事业及企业单位就业。学校与州内外30多家大中型企业建立起就业网络,毕业生一次性就业率达95%以上。这些人才培养模式改革方向是根据藏区特色的经济发展和职业技术教育的需要,体现了现代化、多层次、综合型的职业技术学校特点。

从阿坝州中等职业技术学校领导班子带领教职员工变革人才培养模式的案例中,我们不难看出,区域特色课程资源在领导和执行层面促进藏区人才培养模式改革的推动力,主要体现在藏区人才培养模式改革对中等职业学校等领导执行机构实施课程资源整合的影响力上。阿坝州中等职业技术学校领导班子立足州情,转变人才培养观念,团结带领全校教职员工,变革人才培养模式,打造更高平台,使学校发生了根本的改变。学校的课程设计和课程资源的开发利用充分考虑了藏区学生对象的具体特殊性,如学生现有的知识、技能和素质背景等。在此基础上,优先选择对学生终身发展具有决定意义的课程资源。结合中等职业学校的实际情况,学校领导层面意识到深化学校和社区之间合作的必要性,只有这样才能促使学校在执行实践教学方面植根于区域特色课程资源。

2. 执行实践层面

案例 3-6

阿坝州中等职业技术学校重视资源整合,强化技能训练,重视实践操作。学校党委致力于建设一支"民主、团结、务实、高效"的管理团队,带领全校职工,发扬二次创业精神,转变人才培养观念,牢固树立职业技术教育的中心地位,制定了"以学生技能培训为根本,以市场需求为导向,以学生就业为目标,培养合格的实用型、技能型人才"的办学理念。学校目前设有旅游专业部、艺术专业部、农牧专业部、财会专业部、机电专业部、信息专业部、成人教育处等 7 个教学专业部,共 15 个专业,其中骨干专业 4 个(旅游服务与管理、导游、畜牧兽医、机电技术应用)、特色专业 6 个(畜牧兽医、果蔬、藏兽医、藏羌艺术、根艺、唐卡绘画)。在学校领导班子的带动下,老师们在新课程观指导下到生活中去挖掘丰富的教学资源,包括开发和利用校内课程资源（包括其他学科教材、教师、学生、学校）、校外课程资源（包括家庭资源、社会资源、自然资源）和信息化课程资源等。然后把这些资源加以分析和选择，整合到教学当中去，从而为学生的学习提供多样化的、充足的、有效的教学资源，以有利于帮助学生探究和解决问题。例如，在物理教学实践中，充分发掘和利用藏区丰富的地理气候资源，对于学生更好地掌握该学科具有深远意义。

为提高学生就业竞争能力，学校根据目标定位组织专家和专业教师自编教材，实行任务式教学，逐步推行学分制，组织学生技能展示活动，参加生产实习和社会实践等，突出实践技能和个性特征培养，增大专业课、实训课比重，积极举办各类实用技术培训，增强职业能力，使课程体系进一步体现出职业教育的特点。学生就业状况良好，毕业生分别被推荐到深圳、安徽、江苏、重庆、成都和州内各企事业单位就业，并得到用人单位的广泛好评，毕业生就业率达到95%以上。学校目前硬、软件建设都得到改善，逐步得到社会和学生家长的认同，已发展成为职教、成教、实训为一体的现代化职业学校，职教事业已步入良性发展，是全州农牧子女学习技能的理想场所。一分耕耘一分收获，2004年学校被四川省人民政府确定为四川省农村劳动力转移培训基地，被共青团四川省委员会确定为四川省农村青年转移就业培训基地；2006年被授予"职业教育改革创新先进单位";2008年被授予"先进劳务开发培训基地";2006、2007年被授予"职业教育改革创新先进单位"。

  藏民族的主体居住在号称"世界屋脊"的青藏高原,海拔高是其主要的特点,同时境内多崇山峻岭,地形复杂多变,气候本身也随地区的不同而变化很大。藏区独特的地域环境可以开发出丰富的课程资源。由此,开发和利用自然资源对藏区学校来说尤其重要,也十分必要。阿坝中等职业技术学校正是利用了这个优势,取得了一定成绩。阿坝州中等职业技术学校认真执行培养方案,努力提高学生就业竞争能力,践行产学合一的育人理念,突出技术应用能力的培养,学生就业良好。中等职业教育是一种职业定向教育,所以领导的决策定位既要科学又要准确,目的就是为社会培养合格的实用型人才,即在执行教学中注重培养学生的职业道德、专业技能、创新精神和创业能力等,使他们成为具有区域特色技能和积极向上健康心态的综合性人才。

  但是,中等职业教育的培养目标也受区域经济和科技发展水平的限制,随着我国经济科技的发展,这就要求藏区中等职业学校必须培养出适应藏区社会发展需求的高素质劳动者和技能型人才。正如澳大利亚学者查理森等在其《对未来需求预测》的报告中指出:"要预测到几年后需求什么劳动技术是非常困难的一件事情。"

(Richardson, 2007)因此,中等职业教育的培养目标应着眼于藏区社会市场发展动向和生产的实际,在领导和执行两个层面着眼于课堂教学与社区生产服务的紧密结合。加强学校和社区之间的合作,提高综合实践能力,增强文化体验和认同感,体现对区域文化的关照,培养学生的文化修养水平,注重学生对区域技术的人文因素的感悟和理解,引导学生理解和尊重多元文化,也是通过文化共享形成教育共同体的一种重要实现机制。

(二)按照结构分,区域特色课程资源在战略目标和制度建设两个方面作用于藏区中等职业人才培养模式改革

区域特色课程资源在战略目标上促进藏区中等职业人才培养模式的改革,主要体现在区域特色课程资源为藏区人才培养模式改革提供指向,进而通过制度建设引领藏区教育内涵的发展。为促进藏区教育内涵发展,部分教育部门在战略制订上融入区域特色文化发展的元素,学校—社区合作为藏区人才培养模式改革制度的建立提供必要的参考,进而成为藏区教育制度的重要组成部分。正如第一章的论述,人才培养模式是实现人才培养目标的具有系统性的培养方式、方法和途径。在开创中国特色社会主义新局面的进程中,整合区域特色课程资源可以更好地适应藏区社会发展和经济、文化建设事业的人才培养需求,实现藏区发展战略规划的目标。藏区发展的战略目标从根本上规定了中等职业人才特性并集中体现了制度建设中人才目标定位和教育的思想观念。

案例 3—7

阿坝州卫生学校坐落于阿坝藏族羌族自治州州府马尔康,是四川省教育厅认定的民族地区中等医药人才培养先进单位、全省职业教育先进单位。学校担负着为全州基层医疗卫生单位培养输送医疗卫生技术人才和基层在职卫生专业技术人员及管理人员的培训任务。"行医德为本,教育最为先"的校训集中体现了人才目标定位和教育的思想观念。"行医"与"德育"相辅相成的目标有助于提高学生的专业素质和职业道德。为此,学校成立了以学校党委书记为组长,以"马克思主义理论课和思想政治教育课"教师("两课"教师)、学生政工队伍、学生干部队伍为主要工作力量的思想政治道德教育工作领导小组,负责学校育人的工作,制订了《中共阿坝州中等职业技术学校委员会关于加强和改进思想政治工作若干意见》、《关于进一步加强和改进我校学生思想政治教育工作的决定》、《阿坝州中等职业技术学校学生文明行为规定》、《阿坝州中等职业技术学校学生操行评定办法》、《阿坝州中等职业技术学校学生违纪处理办法》、《关于做好后进学生转化工作的要求》等规章制度，坚持"育人为本，德育为先"，建立并健全了"教书育人、管理育人、服务育人、制度育人、环境育人"的育人机制。需要指出的是，民族地区的思想政治教育历来受到党和国家的高度重视，在现有的教学内容中，国家认同教育、爱国主义教育等方面的政治教育内容在课程中得到了较好渗透。因此，本研究不就此深入探讨。

学校因地制宜，先后开设了护理学、藏医学、社区医学、临床医学、农村医学、助产、藏医医疗与藏医、藏医护理、医学影像技术、中医、卫生保健等20多个专业。长期与成都中医药大学、四川大学网络学院、阿坝电视大学等高校联合办学，重视学以致用。鼓励学生参加社会实践活动，把其作为学生了解社会、融入社会、增强社会责任感和时代使命感的重要形式，并使之制度化。鼓励学生积极参与阿坝州社区医疗卫生技术服务实践，为阿坝州医疗卫生事业的发展作出了突出的贡献。

在该案例中，学校—社区合作的目标，主要是通过实际操作巩固学生所学的理论知识，并使各方面的能力得到锻炼，使专业素质获得全面提高，使学生的就业竞争力得到增强。有些人对学校—社区合作的理解仅仅停留在学校依靠社区企业单位支持经费和提供科研项目、实训基地、解决校外实习等方面，其实这些只是教学的部分环节。事实上，学校—社区合作教育是一种人才培养模式，其贯穿于人才培养的整个过程。例如，阿坝州卫生学校因地制宜，重视学以致用，鼓励学生的社会实践活动，组织学生积极参与阿坝州社区医疗卫生技术服务实践，把其作为学生了解社会、融入社会、增强社会责任感和时代使命感的重要形式。这也是学校－社区合作模式的一种。在制度建设层面上，开发整合区域特色课程资源、支持藏区中等职业人才培养模式改革和学校教育发展，涉及学校与政府、市场、社会等诸多关系，其核心是围绕生态文明整合藏区区域特色课程资源，支持中等职业人才培养模式改革。为此，开发区域特色课程资源、支持中等职业学校人才培养模式改革，就需要在制度建设中创造性地设计出广泛的社会动员、民众参与、多方协调与合作共享机制。

案例 3－8

甘孜州中等职业技术学校致力于将传统文化、现代文明和外来文化融为一体，打造富有藏族特色的新型融合文化，体现了区域特色课程资源对藏区教育培育战略的有效作用。为了确保学校特色课程建设的可持续发展，学校制定了相应的校本课程管理制度，主要包括：课程审议、教学管理、项目课程评价、教师校本培训、学校课程管理、岗位职责及激励制度等。学校充分挖掘特有优秀藏文化遗产、民俗文化以及现存特质文化，通过县级、街镇级政府社区教育管理委员会、社区教育等载体，使社区居民和驻区单位对于人才培养建设和改革工作责无旁贷。

案例 3—9

阿坝州中等职业技术学校注重地域特色，注重品牌创建，使传统优秀藏文化历久弥新，从学校建设制度化、运作模式自主化、活动形式多样化、考评机制激励化四方面的实践，探寻出一种适应藏区教育发展的新模式。学校强调地方性的乡土文化应立足于本土而适应本土民间民俗习惯，以体现地方民族特点，重点打造畜牧兽医、藏羌艺术两个国家级特色专业。学校坚持以服务学生，使学生成长、成才为宗旨，以职业素质教育为核心，不断丰富素质教育的内涵，开展形式多样、内容丰富的课外活动，不断提高学生的综合素质，增强学生的就业竞争力，使职业教育成为一项为己治生，为群服务的百年大计，是实现"素质教育"的一个重要层面。

具体来说，一方面，学校要建立健全育人的组织机构，坚持以人为本，完善育人机制。学校根据办学任务、人才培养目标和面临形势的发展变化，大力实施"人才兴校"战略，教师结构得到优化、素质得到提高。一是引进既有较高理论水平又有丰富实践经验的专业技术人员。自2005年以来，共引进和外聘教师41人，非应届大学毕业生19人，占46.3%。目前，学校教师总数已达130人，生师比为17.16∶1，能基本满足学校教育教学的需要。二是加大教师培训培养力度，全面提高教师的理论水平和技术操作能力。四年来，攻读研究生学位的有2人，外出进修课程的有30多人，到企业、行业、校内外实习实训基地实践锻炼的有30多人，考取第二职称或相关职业等级证书的有76人，参加校内外举办的现代教育技术培训的有159人。目前，学校里持有高级职称的有32人，占专任教师的24.6%；"双师型"教师有34人，占专业课和专业基础课教师的36.56%。已选拔专业骨干教师45名。三是加大实训教师队伍建设力度，培养了一支技术技能过硬的实训教师队伍。目前，学校有实训教师20人，90%以上接受过校内外培训，中级职称的有6人，成为"双师一体化"教师的有34人。四是加大师德师风建设力度，提高教师职业道德水平。学校制定了教师职业道德规范及考评办法，规范教师的言行，从严"考德"，违"规"必究，对师德考核实行"一票否决"制，树立典型，表彰先进。2004年以来，学校评选和表彰了优秀教师45人。其中，1人被评为全省教育系统优秀教师，多人被评为阿坝州教育系统优秀教师。以人为本的育人机制浸润在"教书育人、管理育人、服务育人、制度育人、环境育人"的育人制度之中。

另一方面，在制度建设过程中，学校充分发挥"两课"在思想政治教育的主阵地作用，提高学生的政治思想素质。学校不断加大"两课"建设力度，重视把国家的最新精神、学科发展的最新成果、社会实践的最新问题以及学生所学专业的实际等,及时充实到教学内容中,坚持"党建带团建",使学校的思想政治教育工作收到了较好的效果。全校共有58名团员被评为优秀共青团员,23名团干部被评为优秀团干,15个团支部被评为优秀团组织,有380名优秀团员参加学校业余党校培训学习,其中有126名团员向党组织递交了入党申请书。

特别值得关注的是,学校融职业素质教育于社会实践活动中,不断丰富素质教育的内涵,彰显出区域特色课程资源在战略目标和制度建设两个方面作用于藏区中等职业人才培养模式改革。正如学校的招生宣传:让那些进不了高中、上不了大学、说不好汉语的孩子们,为了藏区的繁荣,为了牧区的发展,选读四川阿坝州中等职业技术学校享誉藏区、农牧区的藏医学、畜牧兽医、唐卡、根雕、藏羌艺术等专业。从中我们不难看出,阿坝州中等职业技术学校正以这样饱满的热情、怀着对西部职教的热爱,欢迎生长在藏区、农牧区孩子们的到来。围绕这一目标,学校集中精力,办好现有的服务于阿坝州区域经济建设的农学、园艺、机电一体化、水电、财会、畜牧兽医、藏医学、旅游、信息技术、根雕、唐卡画、汽车驾驶与运用等传统专业,着力打造机电、畜牧兽医、藏羌艺术等省部级重点专业,并将畜牧兽医、藏羌艺术等培育成为国家级特色专业。学校每年组织学生积极参加"科技、文化、卫生三下乡社会实践服务活动"，近几年先后到小金、金川、丹巴、马尔康、若尔盖、松潘、茂县等地开展送文化下乡活动，到杭州、北京、成都、深圳参加大型演出和作品展，服务了社会，锻炼了学生，赢得了荣誉，多次获得上级表彰和奖励。按照"文明建校、质量立校、就业强校、合心护校、生态美校、依法治校"的二十四字工作思路，搞好学校灾后重建，强力推动阿坝州民族职业教育向前发展，力争在"十二五"规划内，将学校办成藏区一流的中等职业技术学校，并进一步升格为国家级重点中等职业学校，朝着高职学院的目标迈进。

上述案例中，甘孜州中等职业技术学校致力于特色课程建设的可持续发展，充分挖掘特有优秀藏文化，并通过与社区互动，共同促成学生的全面发展和个性发展。学校特色课程建设正是分权给学校开发区域特色课程资源，以学生的全面发展和个性发展为本，来创办富有生机和特色的中等职业学校。特别值得一提的是，学校和教师把当地的物质文化环境纳入了课程改革的视野，教师合作文化生成、教师专业发展、为社区服务，同时为学生的个性发展提供了广阔的空间。整合区域特色课程资源与改革中等职业人才培养模式顺利对接，是启承未来的一个战略支点。这些基层学校的战略决策传递了控制权下移、与集权化教育相对立的信息，充分体现了区域特色课程资源在藏区中等职业人才培养模式改革和教育制度建设方面的积极作用。

阿坝州中等职业技术学校整合区域特色课程资源,在战略目标和制度建设两个方面作用于中等职业人才培养模式改革,融职业素质教育于社会实践活动中,不断丰富素质教育的内涵。该校的师生对此体会深刻。学生处副处长、艺术专业索朗达尔吉·牟子亮老师专门提到,"开设藏族根艺课程、唐卡课程,就是开发利用当地课程资源培养藏区社会需要的人才。例如,将藏羌歌舞、根艺、唐卡引入课堂作为课程资源开发。结合学生与社会实践,例如,藏兽医专业与畜牧专业。这些做法加深了学生对藏族艺术的追求,弘扬与传承了藏族传统文化"。在学校"立足州情,辐射州边,面向农村,服务社会"的办学方向指引下,牟子亮老师创立了"让炯艺术"。这种名为"让炯"的杉树树根在学生简单的雕琢下,呈现出仙鹤、雄鹰等动物和人物造型。"让炯"艺术荣耀入选100个首批全国职业院校民族文化传承与创新示范专业点名单。学生德吉娜姆告诉笔者,每件"让炯"作品都取自天然,学生们会在老师的启发下,根据树根原有造型,充分发挥想象进行创作。德吉娜姆说:"'让炯'在藏语里是自然天成之意,我们希望通过这种艺术形式表现出人与自然和谐相处的意义。"创意十足的藏族"让炯"艺术在2013年全国职业院校技能大赛民族地区职业院校学生技艺比赛中获奖。同时，牟子亮老师结合当前旅游市场规律，加大品牌打造力度，积极创新宣传手段和营销方式，把自然资源、民族文化、旅游产品有机结合起来，把保护、传承非物质文化遗产和开发旅游小商品结合起来，不断提升"让炯"艺术品的吸引力和竞争力，努力提升"让炯"艺术的市场价值和收藏价值，真正帮助群众增收致富。当地映秀东村也为"让炯"艺术等非物质文化遗产的保护、传承和推广提供了很好的平台，该村根据游客需要制作"让炯"艺术作品、工艺流程、成品寓意说明书，切实增加游客对"让炯"文化的了解。

　　调查进一步发现，阿坝州中等职业技术学校在专业设置上体现了职业能力的本位观念。根据阿坝州政府要求，中等职业学校在与社区企业合作中要以需求为导向，按企业生产的自身规律来研究学校的专业设置和教学模式。由行业、企业的专家参与新专业、新课程的论证，从行业发展的新趋势和职业岗位新任务分析入手，把职业要求的知识、技能、态度和素质与受教育者的认识、学习过程有机地结合起来，构成相关的教学内容。这样的校企合作有助于人才培养模式的创新。

　　总之，阿坝州中等职业技术学校秉承"人本，励志，勤学，技强"的校训，坚持以教学为中心，以教学改革为突破口，构建了学校职业教育的特色教学制度体系。一是学校坚持以市场为导向,以学生为中心,突破普通中专培养人才的框架,加大教改力度,实施"任务式"、"菜单式"教学,努力实现教学内容与就业市场的无缝连接。二是强化实践教学,坚持教师与师傅合一、学生与学徒合一、教室与车间合一、作业与产品合一、生产与教学合一的育人理念,突出技术应用能力的培养,提高学生就业竞争能力。三是改革基础课教学内容。淡化理论教学的系统性、严谨性,强化理论教学的针对性和应用性。学校一社区合作有利于专业教学改革和建设。专业改革和建设是职业教育改革成败的关键,而社区对人才的需求是专业教学改革和建设的依据。要加强专业的适应性,就需要不断地了解社区对这类职业的素质、能力的要求,并以此为基础进行有针对性的专业配套设置与课程、教材调整,建立以职业能力为中心的教学制度体系。

职业教育是与社会、经济、文化密切相关的教育模式。学校一社区合作有助于改变以学科为中心的课程设计,确立以职业技能为中心的指导思想。学校一社区合作,使得教学能够及时反应目前职业技能的发展情况,有助于课程的及时调整。同时,学校与社区企业合作办学,更能使学校一方感受到社会对人才质量的需求,从而确立人才质量定位。学校一社区合作还对教学方式有较大的影响,促使职业教学从"以教为主"向"以学为主"转变,加大实践性教学的比重。学校-社区合作,充分发挥社区生产现场在教学过程中的空间实践作用,有利于开展实践教学,促使学生在具体的技能训练中发现问题、分析问题、解决问题,培养学生综合运用理论知识解决实际问题的能力及技能创新能力。社区对职业的供求是最了解的,学校只有与社区相互结合,才能真正了解教学改革的内容和重点,因此学校应积极主动地与社区建立联系;把区域课程资源引入课堂,发展和弘扬区域文化,创新文化产业之路;走出校园,结合当地的文化空间,活态传承民族文化,从而体现藏区中等职业学生的价值。人才培养与深厚的民族感情有机结合,引导学生走科学发展之路,走校企、校农、校牧之路,结合实际,培育和打造文化产业品牌。社区参与学校教育是社区对中等职业教育的积极支持,有助于推动民族地区教育的发展,有助于充分尊重和理解文化的多样性和差异性。

  本章比较了三类藏区特色课程资源的构成、类型、特征及其价值,进而从理论的视角,集中分析了课程资源整合对藏区中等职业人才培养模式创新的支持功能及其实现机制。三类藏区文化资源之多类型并存与发展水平的不平衡性等显著特点为课程资源整合对中等职业人才培养模式改革的融合、协调、辐射的作用提供了依据。教育按照层次和结构理论划分,藏区中等职业学校的课程资源整合对人才培养模式创新的实现机制聚焦于实现理论与实践教学的紧密结合，着力加强专业特色打造，整合区域特色课程资源，促成课程开发的放权与多元，加强学校－社区合作，创新中等职业人才培养模式。从课程资源整合基于人才培养模式改革的背后，不难窥见教育民主公平的实现历来是教育永恒的追求目标，是人的生存质量的不断优化。从某种意义上说，任何教育问题本质上都是区域教育问题（华京生、华国栋，2009）。我们在研究区域教育的过程中深刻体会到生态文明是人类文明形态和文明发展理念、道路和模式的重大进步，建立了人－自然、人－社会、人－自我的三重理论分析框架。高度关注人——作为中等职业人才培养模式创新中最为重要的因素，以及他们是如何在教室、学校、社区和藏区中实施改革的。以上理论分析为下一章的实践研究提供了基本的分析框架。

第四章
实践研究

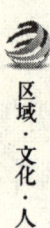

基于人-自然、人-社会、人-自我的三重理论分析框架，本章通过藏区典型个案与实践研究，归纳、提炼整合区域特色课程资源、支持藏区中等职业人才培养模式创新的基本维度、实践模式、主要途径以及保障机制。

一、整合区域特色课程资源、支持藏区中等职业人才培养模式创新的基本维度讨论

社会生态发展、人的发展和教育发展是本研究分析整合区域特色课程资源、支持藏区中等职业教育的三个维度。三个维度不是各自独立的，而是互为依存、互为补充的。由于社会生态发展维度和人的发展维度互为依存，随着教育的发展，通过整合区域特色课程资源、创新人才培养模式，使社会生态发展维度和人的发展维度有机融合，达到社会生态发展、人的发展和教育发展的共同增长。

下列图2是整合区域特色课程资源、支持藏区中等职业人才培养模式创新的基本维度示意图。

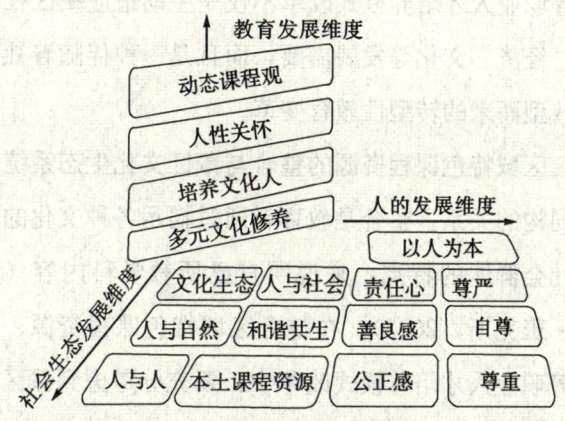

图2 中等职业人才培养模式创新的基本维度示意图

表2 整合区域特色课程资源、支持藏区中等职业
人才培养模式创新的基本维度

社会生态发展维度	人的发展维度	教育发展维度
文化生态、人与自然、人与人、人与社会、和谐共生、本土课程资源	以人为本、责任心、善良感、公正感、尊严、自尊、尊重	动态课程观、人性关怀、培养文化人、多元文化修养

（一）从社会生态发展来看，整合区域特色课程资源、支持藏区中等职业人才培养模式创新是高度同构的关系

当下，藏区正处于社会转型之中。这次社会转型涉

及社会的政治、经济、文化、生态等社会生活的各个方面，以积极构建一个以人为本、平等、公正、和谐的藏区。在藏区社会转型中，整合区域特色课程资源、支持中等职业人才培养模式改革不仅是主动适应藏区社会政治、经济、文化等发展需要，而且是一种伴随着社会生态转型而来的转型性教育变革。

区域特色课程资源的整合与藏区文化生态系统是高度同构的关系。整合是教育者通过揭示各种文化的内容和社会群体的特点，来说明自己所教学科内容（詹姆斯·班克斯，2003）。在整合区域特色课程资源、支持中等职业人才培养模式改革中，要充分考虑到藏区文化生态系统的地域特性。这种高度同构的关系具体表现为：一是倡导全面、和谐发展的教育，确立人与自然、人与人、人与社会和谐共生、良性循环、全面发展、持续繁荣为基本宗旨的生态文化伦理形态；二是藏区中等职业人才培养模式改革必须根植于本土课程资源。增强课程对三类藏区、学校及学生的适应性，最大限度地促进学生综合素质的多元培养和优良个性的和谐发展。可以说，这些知识与能力为整合区域特色课程资源、支持藏区中等职业人才培养模式创新的转型性变革提出了基本理念。

(二) 从人的发展来看，整合区域特色课程资源、支持藏区中等职业人才培养模式改革是以人为本的教育

教育的本质是一种培养人的活动。人始终处于教育视野之内，整合区域特色课程资源、支持中等职业人才培养模式改革的人本性则具有时代性意义：其一，新课程改革的"以人为本"是相对于"应试教育"的，反对把分数看得比学生发展更重要的分本教育。其二，整合区域特色课程资源、支持人才培养模式改革的人本性是以全体而非部分学生的发展为本的。"以人为本"的人才培养模式改革则倡导一种大众主义的教育价值取向，拒斥那种以少数人为本的精英教育取向，关注每位学生的发展（李润洲，2011）。其三，整合区域特色课程资源、支持人才培养模式改革的"以人为本"是以人的德、智、体、美等方面的全面发展为本（李润洲，2011）。由此可见，以人为本的教育反对教育体系过于强调标准考试，重视学生个体创造性发展。

整合区域特色课程资源、支持藏区中等职业人才培养模式改革，目标是培养文化人。根据《国家中长期教育改革和发展规划纲要》，人的全面自由发展是一切社会活动的出发点和归属，人的个性多样化是社会和谐有序发展的前提。教育的基本功能在于促进人的全面发展和个性发展，进而服务于经济社会的全面进步。受到适合的教育才能实现人的自由、富有个性的发展。这样的教育要求从价值观上认同人的个性自由、独立思考,认可对权威的怀疑和挑战。以培养文化人为本的教育基础,是人与自然、经济、生产技术和工艺的相互作用的和谐化思想,是社会和政治关系系统的民主化思想,是每个人对自己作为国家和世界公民的思想意识(古卡连科,2003)。因此,个人的和社会的责任心、强烈的善良感和公正感、对其他人和文化的尊严的尊重(古卡连科,2003),这些心理品质是以培养文化人为本,教育中等职业学生全面发展和个性发展的重要标准。

(三)从教育发展来看,整合区域特色课程资源是一种动态课程观

整合区域特色课程资源、支持中等职业人才培养模式改革从全面、和谐发展之人的培养出发,倡导以人性关怀和创造性培养为主要特征的现代教育。随着知识经济的产生,课程建设的价值取向偏移不仅反映了人们对课程资源认识的深化,而且反映了社会发展对课程建设所提出的新要求(李润洲,2011)。在新的教育价值导向下,整合区域特色课程资源、支持人才培养模式改革高度重视教育引导人、生成人的育人根本。借鉴基础教育课程改革的"一纲多本"及三级课程管理体制,通过对学校、教师与学生的彰权益能,力图改变雷同的学校

教育和学生个性缺乏的培养机制（李润洲，2011）。

通过以上所述可以确定，整合区域特色课程资源、支持中等职业人才培养模式创新是一种动态的课程资源观，课程内容应反映社会经济文化最新的生产知识、生产技术、生产工艺、生产方法、生态文化理念，随着社会经济的发展和文化生态建设的进步及时作出调整，其主要目的是培养文化人。这样的文化人拥有个人人格、具有创造性的情感态度和价值观：学生深入、全面地掌握本民族文化，并对文化差异持积极态度，在全球化和多元文化世界一体化的条件下，既能从事积极有效的生产技能活动，也能理解和尊重其他文化，善于在多文化的人类共同体中表现出建设性的生命活动（古卡连科，2003）。在文化多元性的基础上，如第三章"理论探索"所述，职业教育不仅是一般技术或手段，更在于其技术后面隐含的做人、做事的道理。学校课程内容的建设关乎做人的内容，体现着人与自然、人与人、人与社会的基本关系；关于价值如真善美、假恶丑等方面的标准与判断；关于一般行为方式的待人接物，对待自然、他人、其他动物等的态度、方式等见于外在的一般行为过程。通过整合区域特色课程资源，实施对学生进行帮助和指导的社会职业技术教育，促进学生文化能力和批判思维意识的形成，最大限度地促进学生综合素质的多元培养和优良个性的和谐发展，从而达到培养高人文素质、高技能型人才的目标。

基于以上分析，藏区学校在实施中等职业人才培养模式改革过程中，需要转变视角，从社会生态发展、人的发展和教育发展三个维度，以整合区域特色课程资源的思路来支持中等职业人才培养模式创新。

二、整合区域特色课程资源的实践模式

职业教育是一种与社会生态经济发展联系最为密切的教育，不同的社会经济生态发展水平对职业教育发展具有决定性的影响。因此，第二章全面、系统地分析了三类藏区课程资源的现状，是确定藏区中等职业人才培养实践模式的重要前提。对实践模式的讨论是这一部分的焦点。区域特色课程资源整合是中等职业教育人才培养模式向纵深发展的必然要求。区域特色课程资源整合对藏区中等职业人才培养模式创新是一个整合学校、社会、家庭三者的教育力量，并包括实践模式、主要途径以及保障机制在内的立体系统。并且应在考察三类藏区基本情况的基础上，因时因地制宜，形成自身的模式和特色。

中等职业人才培养质量深受中等职业人才培养模式的制约，人才培养模式又受社会政治、经济、文化、生态、受教育者个性需求等因素的影响。在目前世界三大职业教育人才模式——学校模式（以中国等发展中国家

为代表)、企业模式(以日本为代表)和学校加企业模式(以德国为代表)中,学校模式严重脱离了职业实践。德国人提出的"双元制"职业教育模式最值得借鉴。德国的职业教育关注人本性的个性需求,使接受职业教育的人可持续发展,力图把社会需求或企业需求与教育需求和个人需求结合起来(姜大源,2009)。但值得一提的是,最近一批民族特色中等职业学校的改革发展在我国《中等职业教育改革创新行动计划(2010—2012年)》中得到扶持。其目的是立足民族特色办校,促进民族传统文化艺术人才和民间工艺技能人才培养专业化,创新民族地区中等职业人才培养方案。

基于上述分析,本研究认为,整合区域特色课程资源、支持藏区中等职业人才培养模式改革的实践模式为:借助学校、社会、家庭的教育合力;整合区域特色课程资源贯穿于人才培养目标设置⇒课程内容选取⇒课程实施⇒人才评价(见图3)之中。

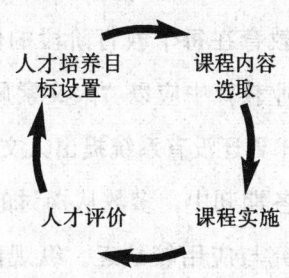

图3 整合区域特色课程资源的实践模式示意图

1. 人才培养目标的设置

人才培养目标的设置需要树立以培养文化人为本的理念。培养文化人为本，如前所述，这样的文化人拥有多元文化理解力、批判力和行动力，既掌握本民族文化，又对文化差异持包容和尊重的态度，在全球化和多元文化世界一体化的条件下，善于在多文化的人类共同体中表现出建设性的生命活动。在文化多元性的基础上，通过整合区域特色课程资源、创新中等职业人才培养模式，实施对学生进行帮助和指导的社会职业技术教育。以文化人培养为本的理念就是"以人为本"的教育思想，其基础是人与自然、经济、文化、生态、生产技术和工艺的相互作用的和谐发展，是每个人对自己作为国家和世界公民的思想认同。因此，个人的和社会的责任心、强烈的善良感和公正感、对其他人和文化的尊重，这些心理品质是以文化人培养为本，教育中等职业学生全面发展和个性发展的重要标准，与人文素质关系最为密切。

人文素质教育在每个教育阶段的侧重点应有所不同，在中等职业教育中应以"人文素质"教育为核心。虽然，目前学术界还没有系统提出人文素质教育这个概念，只散见于各期刊中，多数从探讨的角度进行分析，系统的理论研究与应用较缺乏。纵观国外职业教育情况，在人才培养上不仅注重实践操作技能，而且注重人文素质教育。我国学术界在探讨职业素质内涵与构成时，将人文素质与身体素质、职业道德素质、职业技能、职业心理素质5个方面概括为职业素质（王晨，2000）。《国家教育督导报告：关注中等职业教育（摘要）》（2011）明确指出：人才培养与改革创新应注重以德育人，全面推进素质教育。根据对该报告的实地调研，八成以上的地方教育部门表示"当地已把学生职业道德教育作为考核中等职业学校工作的重要指标加以落实"；企业普遍反映其职业意识明显强于未接受过职业教育的同龄人；六成左右的家长反映，经过中等职业学校的学习，孩子生活自理能力明显提高，行为习惯有所改善，更有礼貌和诚实守信；七成以上的学生表示，学校教育使其养成了良好的敬业精神和社会责任感。由此可见，我国中等职业学校的素质教育也强调以学生全面发展作为教育的核心价值取向，但是侧重于身体素质、职业道德素质、职业技能和职业心理素质，而忽视了人文素质的培养（王晨，2000）。

人文素质教育的人才培养模式必须建立在对区域社会经济文化生态发展现状的深入分析基础之上，整合区域特色课程资源，以满足区域发展对职业人才的需要。国家民委、教育部《关于加快少数民族和民族地区职业教育改革和发展的意见》指出，从现阶段少数民族和民族地区的实际情况出发，充分尊重职业教育的规律和特点，坚持为少数民族和民族地区经济建设和社会发展服务的办学宗旨，因地制宜，分类指导，逐步建立起能主动适应民族地区经济、社会发展需要，充满生机活力的民族职业教育体系。从目前藏区发展现状来看，藏区急需一批依托区域社会经济文化生态发展的应用型技术性人才，并且善于在多文化的环境中表现出建设性的生命活动。藏区地域辽阔，生态资源丰富，各地区资源不尽相同，且发展存在着不平衡性和差异性。藏区生态文化资源开发、环境保护和生态农业的建设亟待各类层次的、具有各种技术技能的人才和高人文素质的劳动者。

然而，调查发现，目前大部分藏区中等职业学校类型不同，学科背景不同，办学层次不同，但制定的人才培养方案大致相同，尤其是人才培养的目标没有实质性的区别。部分藏区中等职业学校认为生存问题解决了就行，只要提高学生的专业技术水平与动手能力，毕业后能够顶岗操作就已经足够了。这是一种将人看作是工具人的教育。从培养模式看，这种专业教育强调专业知识，忽视其他领域。如此培养出来的中等职业学生，不仅适应面窄，而且可持续性发展能力差。这种现状直接导致了中等职业人才培养目标的模糊不清。培养目标的模糊不清，又直接导致了课程设置混乱、不能凸显区域特色、实践性教学被虚化等问题，最终导致人才培养与藏区实际需求的脱节。

藏区中等职业人才培养目标不能脱离藏区社会经济文化发展，学生接受职业教育不仅是为了找到一个谋生的工作，更为重要的是，通过这种教育，使学生能够了解自己的家乡，热爱自己的家园和尊重自己的文化，从而投身于建设家乡的事业中去。为此，藏区的职业学校要充分利用区域特色课程资源支持人才培养目标创新，发挥区域民族特色，办出对当地群众和社会真正有用的教育。如果培养目标定位与藏区实际需求脱节，也就没有了特色，没有特色也就没有生命力了。所以，笔者主张藏区中等职业学校的人才培养目标定位一定要结合学校的区域背景，充分发挥学校的文化优势，办出特色，改变原先的"城市单一价值取向"，促使学校和社区成员价值目标趋于一致。如果学校—社区文化资源的共享性越多，教育目标就越趋向一致，二者之凝聚力就越强，区域课程资源支持人才培养模式改革的条件就越好。反之，必然造成藏区中等职业人才培养模式改革的困难。这将在本章的第三部分做详细分析。

培养目标定位与藏区实际需求的脱节实际上是一种急功近利的功利主义的表现。目前，急功近利的教育思想把职业教育的实用性理解为急功近利的功利性，忽视了人文素质的培养，影响了人才培养的质量。实用性可说是中等职业教育区别于普通教育的一个本质属性。强调学生的专业技能训练、动手能力和操作水平，以适应职业岗位的需要，这原本是应该的。但是，为了解决学生暂时的生存问题，而开设"有用"的专业课程，挤占了"无用"的基础课程，忽略了学生的人文素质教育，职业教育的实用性变成了急功近利的功利性。在这种情况下培养的中等职业人才，不仅难以适应社会发展的综合要求，还会抑制学生个性与才能的发挥。可见，这种功利主义是造成课程内容选取失衡的重要原因。这是下一个环节探讨的重点。

2. 课程内容的选取

前述的人才目标定位为藏区中等职业学校特色课程资源内容的选取提供了依据。人才培养模式是教育质量的首要问题，改革教育课程内容选取的模式是教学改革的核心内容。人才培养模式改革的其他环节如果不和课程内容选取结合起来进行，常常难以取得好的效果。藏区职业教育应以"人文素质"教育为核心，发挥区域课程资源的特点，才能创新人才培养模式，培养学生形成多元文化社会所需的能力、情感态度和价值观，凸显藏区职业教育的特色。学校根据藏区社会需求开设灵活多样的特色课程，满足个人和社会发展需求，使学生能够学有所长、学有所用。这里的"用"不同于急功近利的功利性思想，而是根植于本土课程资源的实用知识与实践。课程资源体系的灵魂是特色，只有独具特色才会有吸引力，才能取得更大的优势。归根结底，藏区课程资源的特色就是文化，是适应和推动藏区社会经济生态发展的文化。藏区文化是千百年来藏族人民在发展历程中，亲和大自然、适应大自然创造出来的独特而多姿多彩的文化。因此，课程内容选取要从三类藏区实际情况出发，紧贴藏区生活实际，突出藏文化特色，让中等职业学生真正学到本乡本土的实用知识。

国家民委、教育部《关于加快少数民族和民族地区职业教育改革和发展的意见》明确指出，要优化教育资源配置，坚持"因地制宜、按需施教、灵活多样、注重实效"的原则，积极探索适应少数民族和民族地区发展需要的职业教育的办学模式。优化教育资源配置，在专业设置上，要适应少数民族地区经济结构、产业结构的需要，重点保证资源开发及支柱产业发展的需求；在教学内容和方法上，强调科学性、明确性、针对性、适用性和实践性。这就改变了以往单一地追求统一化、标准化和同步化的特点，通过融合区域文化特色元素，培养满足个体、社区、自然与社会和谐发展的高素质文化人才。人才培养目标明确了，课程资源内容的选取就有了基础。

《中等职业教育改革创新行动计划（2010—2012年）》进一步对课程资源建设做了如下的相关阐述：创新人才培养模式，整合当地民间文化和艺术文化资源，充分发掘、保存和研究民族文化艺术与民间工艺原始资料,搭建学做一体的多元教育教学平台。这样可以更好地弥补区域文化差异给课程资源开发带来的困惑。由此可见,只有结合区域社会经济文化实际来选取的相关课程资源,职业教育在民族地区才能更好地发展。

本研究认为,课程内容选取是指在一定人才培养目标的指导下,对课程资源本身的规定、开发及其成果。不同区域的中等职业教育,培养不同的专业人才,应选取不同的课程内容。当前,藏区农业经济、工业经济和知识经济并存,需要学习、借鉴国外职教的课程模式,突破急功近利的实用性束缚,强调"人文素质与人格是根本"的课程观,培养学生成为具有高人文素质、高技能的人才。课程内容选取应摆脱大一统的影响,凸显区域文化特色。内容源于生活,让学生通过亲自实践学以致用,实现人才培养与藏区区域需求的有效对接。每个人的学习兴趣、能力是多样的,个人生活学习的区域也各具特色,所以,藏区中等职业教育的课程内容选取应以提高学生综合素质为根本,构建体现人文素质教育要求的理论教学和实践教学并重的课程资源体系。

具体来说,课程内容应重视藏文化传承和发展,对接藏区的特色需求,尊重并维持民族习惯以及保护文化生态。例如,开设藏医、藏区农业、畜牧业技术、种植技术、饲养技术以及民族工艺品制作、皮革加工等依据当地生态经济发展实际,并适合藏区社会经济文化生态发展需求的专业课程。这些区域特色课程可以传承藏族的语言文字、文学、历史、地理、宗教、艺术、生产生活、科学、民风习俗等文化知识。围绕这些特色课程，在内容选取上，应充分考虑到学生的年龄、性别和身心发展特征，把独特的民族传统文化延伸到教材中去，使教材更具有民族性特点，使区域课程充满生机、活力和吸引力，激发学生对民族文化学习的兴趣和积极性。在形式上，尽量增加形式多样的学习材料，例如，手工作品、作文、当地居民的传统艺术成果、民间文学、寺庙绘画、当地服装的制作工艺、当地民族仪式和节日的来历、当地居民祖先的生活等主题都可以选择，并可以进一步扩展。

上述课程内容可以给学生提供较多自主研究、创新应用、发明创造的空间，有利于唤醒、激发、提升学生的创新潜能，促进学生的自主发展（夏志芳，2008）。正如第一章论述的，突出特色是课程资源有效开发的基本策略。课程资源开发是在一个由自然、社会、人组成的复杂的生态系统内进行的活动。开发具备藏区特点、特色的课程资源，可以更好地去发挥它们在实践教学中的作用。重视与尊重藏区学校的地理生态环境、历史人文风俗、宗教信仰、师生特点等。这样的课程改革有利于提高学生素质，培养学生的创新精神。藏区由于自然地理环境和历史人文状况的差异，基于藏区特色需求选取的课程内容支持了体现人文素质教育要求的人才培养模式创新。

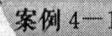
案例 4—1

阿坝州中等职业技术学校校本课程《唐卡》形象地反映了藏区社会文化生活。此课程资源涉及藏族的历史、政治、文化、宗教、社会生活、生态环境等。题材有风俗画（自然界的奇景，包括石山、草木、水的波纹、彩虹、莲花、树叶和花瓣、树木果实、野兽、鸟类等）、历史传记画（释迦牟尼、莲花生大师、文成公主像、格萨尔王、宗喀巴等）、宗教画（吉祥八宝图、象征星象的图、吉祥结、汉式长寿结图案等）、科学画（汤药开宗祖师、天文历法开宗祖师）等等。师生走访民间艺人，搜集大量资料，广泛进行社会调查，深切感知藏文化底蕴。

区域文化是人类文化的子系统（夏志芳，2007）。在上述课程案例中，"唐卡"课程内容的挑选尊重地域文化，包含对区域文化的感悟与体验，使学生更好地理解了唐卡艺术与社会、历史、文化、地理、生态的关系，培养了他们的人文精神。区域文化与唐卡课程的有机结合，充分发挥了藏文化优质资源的重要作用，帮助学生全面、多元地获得生活经验，建立生活、学习与发展的自信心。

案例 4-2

阿坝州中等职业技术学校校本课程《农村畜禽养殖实用技术》第三章"草原建设与保护"。

课程内容选取的背景

阿坝州位于川西北草原区，约有可利用草地 386 万公顷，占全州总面积的 47%，是发展草地畜牧业的宝贵资源，也是长江、黄河上游生态的重要屏障。20 多年来，因草地长期超载等一系列人为和自然灾害影响，已造成 274 万公顷天然草地退化和沙化。因此，如何促进阿坝州草地畜牧业发展迫在眉睫，直接关系到最终取得的生态效益、经济效益和社会效益。

课程内容节选

一、分区轮牧

1. 在测定草地各月产草量动态的基础上，将草地按畜群数量和日采食量、轮牧周期的长短划分成若干区，并逐区编号，计算出各区的放牧日数，进行轮牧。

2. 将放牧场划分为冷季和暖季放牧场，实行季节轮牧。在冷季要注意放牧与棚圈保暖和补饲结合。

3. 将季节放牧场划出若干小区轮流放牧。

4. 通常将放牧地划为 6—10 个小区，每区放牧 3—6 天，大约经 18—60 天放牧为 1 轮。

5. 使牧草至少有 15 天的生长时间。

二、人工半人工草地生产技术

1. 技术原理

该项技术采取良种与良法配套，从而最大限度地发挥优良品种的生产性能，提高草地的生产力。

2. 技术内容及操作

(1) 适宜推广的优良草种组合及混播用种量（千克/亩）①一年生人工草地：燕麦12.5＋光叶紫苕1.5；燕麦12.5＋毛苕子1.5；阿伯德多花黑麦草2.0＋箭舌豌豆1.0；阿伯德多花黑麦草0.5＋燕麦10＋毛苕子1.0。②多年生人工草地：老芒麦1.4＋紫羊茅0.6＋密花早熟禾0.3；老芒麦1.4＋密花早熟禾0.3＋红豆草1.0；拨碱草1.4＋密花早熟禾0.3＋红三叶草0.2。

3. 翻耕人工草地建植及管理

(1) 建址选择及整地翻耕 人工草地宜选择离牧民定居点较近、地势高平、向阳背风、土层较厚的地块，于入冬前（10月份）或翌年春季解冻后，用拖拉机翻耕，圆盘耙碎土，将地整细耙平。有条件的牧户可于翻耕后亩撒施牛羊粪500—1000千克，再进行碎土。

(2) 播种 阿坝州高寒牧区一般宜春播，4月中旬至5月上旬为适宜播种期，最迟不能迟于5月底。用条播或撒播，条播可采用播种机，行距20厘米，人工铲行其行距25—30厘米。多年生禾草种子多具芒，应先进行去芒处理，再条播或用手摇播种机撒播。对于种子较小的豆科牧草，播种前先将种子均匀混合于泥沙中，再撒播。硬实较多的种子,播前先曝晒一天,再浸泡1—2日后播种。播后用圆盘耙拖拉机覆土,若人工覆盖,深度以3—4厘米为宜。

(3) 田间管理及收获 一年生牧草因出苗后生长快,需进行田间除杂等管理,一般于分蘖盛期晴天亩施尿素5—10千克。多年生牧草播种当年苗期生长漫长,易遭杂草危害,可亩用2.4—D丁酯150克兑水50千克喷洒,防除双子叶杂草,但对豆科混播草地不宜施用,以免杀死豆科牧草。多年生牧草每年返春后,于禾草分蘖盛期亩施尿素10千克。开花期收割调制青干草或青贮。可采用机械收割。

(4) 多年生人工草地的后期管理 以老芒麦为主建植的多年生人工草地为例,其有效利用年限可达6—7年。从建植的第二年开始,每年于分蘖盛期亩施尿素5—10千克,可保持较高的产量草。或于分蘖、拔节期亩用"牧草叶面增产剂"10克+尿素500克兑水50千克叶面追肥。收割后的再生草可于冬季适当放牧,其余时间严禁牲畜入内。

三、天然草地的改良培育

应根据天然草地存在的主要问题,有针对性地采取单项或综合改良技术措施。

1. 封育 采用围栏或利用天然屏障,在牧草返青后至枯黄前的整个生长发育期间,禁止牲畜放牧,以达到使优良牧草恢复生机、逐步改善群落结构、提高产草量的目的。

2. 除灌除杂 按照天然草地灌丛的多少，于春季土壤解冻后人工挖除或在灌丛返青前进行焚烧，要做好安全防护措施，如砍出隔离带，防止发生森林火灾。另外，灌丛和杂类草同属于双子叶植物，可于焚烧后的灌丛基部长出新叶后（此时正值杂类草返青期），亩用2.4－D厅脂250克兑水50千克，喷洒叶面，灌丛的喷施量大，可同时达到灭灌除杂效果。

3. 补播 对植被稀疏或已进行除灌除杂的劣质退化杂类草地，需补播优良牧草，迅速恢复植被。（1）草种。补播草种以多年生禾草老芒麦、紫羊茅、密花早熟禾为主，海拔较低的地区（3000米以下）可适当混播红三叶，最适合混播组合为：老芒麦1千克＋早熟禾0.4千克＋红三叶0.1千克。（2）时间。一般于春季土壤解冻后、牧草尚未返青前进行，亦可进行秋播。（3）方法。于雨后用重耙划破草皮，再撒播草种，播后亩用牛羊粪500—1000千克撒施盖种，再驱赶牛羊践踏。播种面积特大时，可采用飞播。（4）管理。补播草地在牧草整个生长期内严禁放牧牲畜。（5）施肥。主要采用叶面追肥，方法同前。

四、技术效果

1. 一年生人工草地亩产鲜草2500千克以上，折合风干草650—700千克；多年生人工草地亩产鲜草3000—3500千克，折合风干草500千克以上。其中，免耕与翻耕人工草地差异不显著，但节省了翻耕费用。

2. 天然草地的每一单项改良措施，产草量均可增长50%以上；若采取综合改良措施，产草量可提高2—4倍。

五、草原保护技术

（一）草地鼠害防治

1. 害鼠主要有高原鼢鼠和草原鼠兔。

2. 主要通过保护好鼠类天敌（如鹰、狐狸和雕）来消灭害鼠。

3. 采用鼠夹、弓箭、鼠笼等进行机械灭鼠。

4. 采用烟熏、毒饵（注意不能伤害到鼠类天敌）灭鼠。

5. 用微生物制剂，使害鼠感染疾病而致死。但必须确保人畜安全。

6. 做好鼠害的预测预报工作。

（二）草地虫害防治

1. 虫害主要有草原毛虫、亚洲飞蝗。

2. 采取各种农业技术措施，创造抑制害虫繁殖的条件，减少害虫大量发生。

3. 使用各种杀虫剂消灭害虫。

4. 采用灯光、物理机械法消灭害虫。

5. 做好虫害的预测预报工作。

（三）牧草病害防治

1. 病害分为侵染性（细菌、病菌引起）和非侵染性（营养元素缺乏、干旱、冻害、烧伤等引起）病害。牧草常见的病害有锈病、黑粉病、白粉病、褐斑病。

2. 选用抗病优良品种。

3. 将病株深埋、火烧，防止传播。

4. 合理应用农业技术措施，减少病害的发生。

5. 选用杀菌剂如波尔多液、代森锌、石硫合剂、托布津来预防和消灭病害。

（四）草地有毒有害植物防除

1. 草地有毒有害植物主要有毛茛、乌头、飞燕草、黎芦、郁金香、马先蒿、醉马草、龙胆、苍耳。

2. 加强草原管理，合理利用牧草，抑制有毒有害植物的繁衍生息。

3. 组织一些家畜在不受害情况下，有计划地反复重牧，使有毒有害植物无生长机会。

4. 在有毒有害植物结实前，利用农业机械彻底清除掉有毒有害植物。

5. 选毒性小、选择性强、残留少、效果好的化学药物进行除草。注意应先试验后用药，在幼苗、开花期的晴天施药，用药20—30天后，才能放牧。

上述案例中，阿坝州中等职业技术学校校本课程内容的选取抓住了当地人文生态环境的特点，基于藏区特色需求选取课程内容，支持了人才培养模式创新。"草原建设与保护"课程是由该校老师针对阿坝州畜牧业生产实际和产业布局编写的。教材在州委、州人民政府、州教育局的关怀和支持下,已经出版使用。实践证明,教材为"阿坝州千村科技明白人培训工程"的实施,以及阿坝州畜牧业的生态发展起到了积极作用。这样的文化课程资源的选择满足了学生的兴趣和需要。课程内容贴近藏区社会经济文化生活的方方面面,贴近学生的生活经验,将给予他们的精神、心理、性格以积极影响。

总之,整合区域特色课程资源、创新藏区中等职业人才培养模式,为藏区文化提供了发展的机遇。这种机遇关系到藏族未来的稳定和藏区社会的安定。在选取课程内容的过程中,要正确处理好保护和利用、保护与开发、共性与特色、经济发展与文化生态环境等多方面的关系,不要出现在牺牲民族文化生态环境的基础上创造经济价值,在实现经济价值的过程中损害民族文化的现象。否则,必然会破坏民族文化生态,造成民族文化的失落,这是不利于社会和谐发展的。

3. 课程的实施

围绕人才培养目标,确定区域特色课程内容,如何实施这些内容是一个重要环节。基于藏区特色需求选取的课程资源内容,凸显文化特色是课程实施的内在要求。生动的课程实施、社会实践是教育的必要途径,支持体现人文素质教育要求的人才培养模式创新是课程顺利实施的条件。对于形成的培养方案,在课程实施过程中还需要根据区域生态环境的变化、社会市场需求、教育学与心理学以及教育技术学发展、教育政策导向等进行调整。开展有特色的课程教学，更需要在课程实践中真正提升和拓展课程教学活动的时空内涵。

课程教学的时间拓展

藏区中等职业课程教学活动环节的设置至少应经过以下三个阶段，每个时间段都应该在培养高人文素质人才目标指引下进行拓展。

（1）实践认识阶段。这一阶段是以实践为导向的课程教学，强调以"实践"为主线，促进学校主动适应区域社会经济文化发展。具体来说，实践导向的认识阶段，课程的展开是实践知识的认识过程；课程教学活动是以实践知识为主体；以实践过程为学生学习课程的主要方式。例如，学生入学前对职业并不了解，仅仅靠课堂的理论教学难以形成直观的感受。因此，在第一学年可以安排职业教育讲座，邀请社区企事业人员与学生进行交流，将课堂教学与社会信息结合起来，提高学生对职业的认识，强化从业意识。同时，组织学生到企事业单位参观、调查，了解岗位具体职能以及工作人员必须具备的基本素质和专业技能，了解、认识藏区生产生活。正如杜威的阐述："人的一生最重要的职业就是生活——智育和德育的发展。"因此，要打破长期以来封闭式的以课堂授课为主的教学模式,使课程教学与三类藏区生产和生活的具体实际密切结合,使学生既学到书本上的理论知识,又拥有丰富的藏区生活实践,培养学生形成适应多元文化社会所需的能力、情感态度和价值观。

不同的实践导向的课程教学环节,是由不同的人才培养目标所决定的。在不同区域类型的中等职业教育中,由于人才培养目标不同,因此实践知识在课程教学活动中的侧重也有所不同。而这也正是藏区中等职业教育多样性和差异性的体现。不同的课程模式必须在这种区域差异中做出选择,选择的结果就形成了具有区域特色实践导向的课程教学。实践导向课程模式是因为增强课程的灵活性,形成弹性化的课程体系,适应藏区社会对中等职业人才技能多变的需求而产生的。又因为中等职业人才培养目标是体现人文素质教育要求,形成劳动者完成职业任务所需的技术实践能力和生活能力。这一切对课程实施的实践性和应用性都提出了很高的要求。

案例 4—2

阿坝州中等职业技术学校按照州人民政府关于实施"千村科技明白人培训工程"和"千村科技明白人培训实施方案",组织具有丰富教学经验和实践技能的专家、教师编写了"千村科技明白人培训丛书"。学生通过这套丛书,认识到理论知识与生产生活实际的紧密联系,学习近百年来国内外有实践意义的成果技术,各地生产实践经验。重要的是,他们将这些科学文化知识与本地种植、养殖和旅游经营方面的关键技术和经验相联系,不断提高自身文化素质,改进当地农业生产技术。

从上述案例可以发现,在实践认识阶段,还需要培养中等职业学生的社会参与意识。这是基于藏区社会发展,特别是经济文化生态发展的需要。对此,一方面要引导学生正确认识当前的国情和藏区的区情,明确社会发展的趋势和藏区的处境,充分考虑藏区的地域特性,学会把自己作为国家和世界公民的思想意识和文化人去思考问题;同时,要培养学生的参与技能,这包括作为参与世界的基本知识水平和参与具体领域的专业实践知识,从而不断提高技术文化素质,推动区域文化生态持续发展。

(2)专业实习阶段。根据《国务院关于大力推进职业教育改革与发展的决定》(2002),中等职业教育应加强实践教学,提高受教育者的职业能力。该决定要求职业学校紧密结合教学实习活动与生产实践、社会服务、技术推广,培养学生的实践能力、探究与创造能力以及情感态度、价值观的共通能力。

基于此,我们认为,藏区中等职业教育应围绕体现人文素质教育要求的人才培养目标，构建涵盖课堂教学、专业实践、科研教学的实践教学体系。课堂教学中应突出实践性教学，主要通过专业课程的教学过程中师生互动，将理论知识与实践活动紧密联系起来，通过情景模拟训练，自觉培养职业角色意识，更快、更好地与藏区社会需求对接；专业化实践教学是课堂教学的延伸，主要通过社会调查、实践实习等形式，强化理论知识，培养核心能力；科研教学是课堂教学与专业实践的补充和拓展。根据学生自我发展的定位和需要，将理论视界进行提升，创设可持续发展人文素质和综合能力的学习平台，主要方式可采取鼓励学生了解、参与教师的科研课题，并担任相关的工作，如搜集信息、整理资料、补充实践内容等，有效培养学生的创造性学习能力。在实践中积极求解实际问题，提高课程教学质量，展现学生学习能力之美（石坚、吴龙，2011）。

案例 4—3

甘孜州中等职业技术学校在专业实习阶段积极构建任务并给学生提供反馈。"文秘（藏汉双语）"专业学生参加四川民族学院汉语言文学系与甘孜州中等职业技术学校开展的交流活动。学生在专业老师的带领下，深入到四川民族学院汉语言文学系文秘专业课堂，听了语文、秘书基础、应用文写作、公共关系学等课程，并与学校领导、教师针对该专业的教学、管理等情况做了深入交流，探讨了专业发展前景与人才培养方案。之后，学生进行分组，每组都分配一项课题任务，课题设计都是围绕文秘（藏汉双语）工作展开，并在有限时间内提交一份完整且具有实践操作意义的方案。教师根据预定时间和学生会面，了解完成任务所需要的每一个步骤和时间，答疑解惑，学生也参与评估自己的优劣势。

这些专业实习阶段的专项实习，有针对性地训练了学生的各项专业技能，为毕业实习阶段积累了许多有益的经验。同时也强化了学生团队协作能力、交际能力、沟通能力、实际解决问题的能力的培养。学校通过引导学生参加各种活动，在活动中提高自身的综合素质和职业能力。更重要的是，学生通过参与课程实施的特定领域，如语言、艺术、科研、技术等共同体的创造实践活动，培养与之相关的习惯、性格、知识，从而形成专长，并跃升到创造新的理念、认识、方法和产品的新阶段。在有限时间内师生互动合作，从提交实践操作方案，执行计划，到完成任务，整个过程也融入了师生的民主评估。上述案例注重真实情景训练和实践任务对于人才培养的重要性，并且更强调创造力的具体性。

（3）毕业实习阶段。毕业实习是学生在校最后一个学期的实践性教学环节，以顶岗实习为关键环节。《国家教育督导报告：关注中等职业教育（摘要）》（2011）关注顶岗实习环节中，根据报告调查，各地从实际出发，围绕提升人才培养质量和毕业生实践能力，以顶岗实习为关键环节，强化顶岗实习与专业教学的结合，强化学校专业教师和企业技术人员的指导，强化配套政策与保障措施的落实，工学结合的人才培养模式改革取得明显成效。据抽样调查，近七成教师和近八成学生认为顶岗实习岗位与所学专业面向的岗位群完全一致或基本一致；六成左右的学生称顶岗实习期间企业能按月足额支付实习补助，并有专门的实习指导教师较好地解答实习中的疑难问题，使自己提高了实践技能。

但是，由于种种原因，我们在藏区调查中发现，有些中等职业学校的教学计划中实践教学环节安排非常模糊，有的虽然列有专业所必须的实践内容，可在实际的教学活动中，只是停留在课堂讲授的层面，很少安排教学实践活动。对于毕业实习这个重要环节，由于经费、实习地点等原因，学生往往是自行联系实习单位，实际上多数学生就是放假了。这样培养出来的学生缺乏动手和操作能力。因此，中等职业学校必须瞄准藏区社会需求和发展趋势，以体现人文素质教育理念为支撑，突出以实践导向为主的教育特征，切实加强实训、实践环节，重视学生综合素质、专业知识和职业技能的培养，探索出一条符合藏区特色中等职业教育的新路子。

案例 4—4

甘孜州中等职业学校以"顶岗实习"为主要教学手段,让教室与车间合一,作业与产品合一,生产与教学合一,实现理论与实践教学的紧密结合,突出技术应用能力的培养,对职业教育采取弹性学制、学分制管理模式,实行"订单式"培养,"任务式"、"菜单式"教育。在毕业实习阶段,首先是转变教育观念,明确工作思路,坚持以市场需求为导向,以学生技能培训为根本,以学生就业为目标,切实向培养"懂技术、会操作的实用型、能工巧匠型人才"转变,强化技能训练,重视实践操作,培养合格的实用型、技能型人才,注重顶岗实习的教学手段。

顶岗实习主要锻炼学生融入社会的能力,提高对职业角色的认识。毕业实习不同于在校期间的实训,可以依靠集体的力量共同协作完成,实习生需要独立承担工作任务。在实习岗位上,需要将在校期间所掌握的实践知识灵活地运用于实习工作,在工作中锻炼自己分析问题、解决问题的能力。学生需要定位好自己的角色,尽快熟悉环境,充分发挥主观能动性,不断总结拓展,才能达到毕业实习的预期目标。

课程教学的空间拓展

藏区中等职业课程教学活动环节的设置应搭建专业实训室、校内实训资源网和校外实习基地三级实训载体。每一级空间载体都应该围绕体现人文素质教育要求的人才培养模式进行拓展。

(1) 构建具有鲜明民族文化特色的专业实训室。《国家中长期教育改革和发展规划纲要》对专业实训室建设有如下阐述：推进民族文化进校园，全面提高学生审美素质……重视民族地区艺术教育，在专业实训室中，因地制宜地开展民族特色的艺术教育和课外艺术活动，弘扬和传承民族传统艺术。《中等职业教育改革创新行动计划（2010—2012年）》强调重点加强民族特色专业建设，根据市场的需要，体现鲜明的民族民间文化和艺术特点；加大"技能教室"建设，构建具有鲜明民族文化艺术和民间工艺技能特色的校园环境、实训环境和教室环境。

专业实训室建设应坚持"学做课程"的思想。职业教育"学做课程"的思想源于法国诺贝尔物理奖获得者乔治·夏帕克在1996年率先行动倡导的一场教育改革——"Hands on"（"动手做"）项目计划（石坚、傅华世，2011）。对此计划，我国教育部发起由韦钰院士领头的"做中学"项目，通过学习和思考钟启泉教授《为每一个学生的成长而教——基于"学的课程"的教学设计探析》、姜大源教授《世界职业教育课程改革的基本走势及其启示——职业教育课程开发漫谈》等研究成果，结合自身与所在院校职业教育课程改革的实践要求和感悟，创新地提出了"学做课程"（韦钰、Rowell，2006）。"学做课程"是一项为培养具有良好素质的合格公民而启动的教育改革项目，强调进行基于动手做的探究式科学学习（韦钰、Rowell，2006）。

基于以上分析，本研究认为，在专业实训室中，课程应以学做为主，讲究拓展实训室功能。课堂教学的改善是其专业内涵建设的重要方面。课堂是教学互动和教学相长的载体。中等职业教学并不排斥课堂教学，而是更讲究拓展实训室（包括机房、模拟职场、工作实践场所等）的教学效益。改善教学效益，需要注重对中等职业学生进行实践练习指导。鼓励他们在实际的工作情境中迁移新技能。因为区域性工作情境多变，现实问题种类繁多，学生应多经历学习期间的典型工作实践、职业工作任务操练，以及健全指导和纠正性反馈。为了有效学习、促进迁移，中等职业生需要在教师、教练、师傅及教学媒体（如视频、音频）示范后立即投入练习实践、运用所学知识、训育相关技能、锤炼相应素质，面对实际问题与区域情境发挥潜质能力。从领悟基本概念、过程方法、行动原理、操作要领着手，掌握实践工具，学会迁移应用，增强工作、生活本领。

> **案例 4—5**
>
> 阿坝州卫生学校为学生提供"学做"职业工作环境，学生可以分组动手做科研。学校借助阿坝州藏医院、若尔盖县藏医院，在搜集大量药物标本和文献资料的基础上，建立了专门的藏药标本室、藏药材陈列室和图书资料室。学生在教师指导下，分角色承担不同的任务，合作完成藏医药科研的整个策划筹备环节，还可以将实训成果对外展示。学校接待来州考察的各级领导和参观学习的各地专业技术人员近万人次，为普及藏医药知识和开展藏医药科研发挥了重要作用。

通过这样的"学做课程"，将知识与工作整合，注重课程学习的合作性与实践性，强调实践导向（石坚、傅华世，2011）。学生可以亲身体验整个活动，强化技能训练。我们看到，阿坝州卫生学校学生在教师指导下，分角色承担不同的任务，合作完成藏医药科研的整个策划筹备环节，对外展示实训成果，深度促进了中等职业学生自主学习、全面拓展和提高课堂教学效果设计革新的实践。

（2）利用校内资源，提供专业教学实践实验基地。《国务院关于大力推进职业教育改革与发展的决定》

(2002)明确指出,改善教学条件,加强校内外实验实习基地建设。中等职业教育实践性很强,为学生联系校外实习单位的资源毕竟是有限的,且受时间、地点的限制。学校本身也是一个实习基地,蕴含着丰富的教学资源,有很多可以为教学实践提供的实训机会。我们也可以把课堂搬到实验室,把学校作为实习基地,采取理论讲授和实际操作相结合的形式,使学生很快适应中等职业教育的教学特点,这样老师容易教,而学生又学得快,记得牢。

案例 4—6

阿坝州中等职业学校创立传统文化技能馆,并让艺术专业学生担任"实习技师"和解说员,学习处理各种事务;学校举行各种参观接待会议活动时,让艺术学生参与,从最初的旁观学习观摩到真正参与接待解说,让学生发挥专业特长,逐步了解、熟悉艺术工作,在实践中得到了锻炼;学生参与接待宾客的任务,将课堂上所学到的秘书礼仪规范也落实到了具体实践中。

在上述案例中,阿坝州中等职业学校学生实际参与课程的实施,自己关心问题、解决问题,这也是一种民主的教育历程。基于区域特色文化的课程实施更注重学生深入现实生活实践的探究,以此感悟区域文化。

(3) 特色职业教育校外实训基地建设。《国务院关于大力推进职业教育改革与发展的决定》(2002) 明确指出, 职业学校要加强与相关企事业单位的共建和合作, 利用其设施、设备等条件开展实践教学。职业学校相对集中的地区应建设一批可共享的实验和训练基地, 还可以与普通学校建立教育资源相互开放机制。教育部在 2010 年有一系列举措, 力推职业教育改革创新。特别强调实训基地建设, 推动工学结合。为深入贯彻落实《国务院关于大力发展职业教育的决定》有关"实施职业教育实训基地建设计划, 在重点专业领域建成 2000 个专业门类齐全、装备水平较高、优质资源共享的职业教育实训基地"的精神, 支持职业学校坚持"以服务为宗旨, 以就业为导向"的办学方针, 深化职业教育教学改革, 中央财政安排专项资金, 按照《教育部财政部关于印发〈中央财政支持的职业教育实训基地建设项目支持奖励评审执行标准的通知〉》(教财 [2005] 12 号) 的要求, 以奖励等方式支持市场需求大、机制灵活、效益突出的职业教育实训基地建设。与此同时, 在中央经费投入的引导、支持和鼓励下, 地方、学校和企业等加大对职业教育实训基地的经费投入, 加强了实训基地的建设, 基本形成了中央财政引导、地方投入为主, 学校、企业和社会多渠道投入的中国特色职业教育实训基地建设模式。

依托藏区学校自身的资源优势,通过与区域内相关单位建立长期合作的实习基地,可以直接检验教学成果和学生的能力,也可以更直接地了解用人单位的需求。例如,积极引进区域内相关企事业单位中的"师傅"担任兼职教师。校外技师可以给学校带来生产、生活第一线的信息,还可以做好人才预测,为人才培养模式创新提供反馈信息。

实践证明,围绕高人文素质人才培养目标,课程实施立足于藏区学生的直接经验和亲身经历,立足于"学做课程"。学做课程不是"纸上谈兵",它强调学生通过亲历其境、亲手操作、亲身经历等方式,实实在在地获得情感、态度、价值观以及技术能力的发展。这也是"学做课程"区别于其他课程实施的最显著特征。实施区域特色课程内容有效地调动了藏区人才模式改革的积极性,显著改善了中等职业学校的办学条件;有力推进了工学结合、校企一体、教产合作的人才培养模式创新,促进了教育教学改革;增强了职业教育服务藏区经济、社会、文化发展和提高人民生活水平的能力;推动了中等职业教育扩大规模、深化改革、提高质量、办出特色。实施区域特色课程内容突破了课程体系束缚,始终以人为本,提升学生的技术应用能力和实践创新能力,引导学生学会学习、学会做人、学会做事、学会生活。实施区域特色课程内容可实施性和可操作性强，对培养具有高人文素质及高技能的中等职业人才具有极好的效果，同时也必将对藏区人才培养模式改革起到重要的推动和指导作用。

4. 人才评价

中等职业学校课程实施体系的改革要与人才评价体制改革同步。《中等职业教育改革创新行动计划（2010—2012年)》指出，探索中等职业学校学生综合素质的多种评价方式，提倡构建中等职业学生成长发展的立交桥，其具体内容为：坚持以人为本，改革评价、考核制度，突出就业、创业能力培养；注重学生学习能力的提高，拓宽学生继续学习的途径，为学生职业生涯持续发展提供多种机会和选择。扎实推进人才评价考核制度改革，突出学生职业素养的考核内容，探索学生综合素质的多种评价方式。完善体制机制，促进中等职业教育与高等职业教育、继续教育的沟通与衔接，逐步形成体现终身教育思想的有中国特色的人才培养立交桥。

为贯彻落实《中华人民共和国职业教育法》和《国家中长期教育改革和发展规划纲要（2010－2020年)》，全面推进《中等职业教育改革创新行动计划（2010－2012年)》的实施，督促各地认真履行发展中等职业教育的职责。《中等职业教育督导评估办法（2011)》强调因地制宜，制定实施方案，开展督导评估，强调人才评价工作的发展水平与特色等。为此，我们认为藏区中等职业学校培养模式的创新还应注重以下方面。

关注藏区人才培养模式的特色创新，需要改革原有的人才评价模式，把以培养文化人为本的理念加入评价机制。实施多元性评价，体现人文素质教育要求，激励藏区中等职业学生多样发展，培养新型民族人才。藏区中等职业学校要打破以考试成绩评价学生、以升学率衡量教学质量的单一的终结性评价模式，不能再以学生的考试成绩为唯一标准，而应采用发展性评价标准，关注学生的藏区生存技能成绩，关注学生的可持续性发展，把为藏区培养大量的新型文化人作为基本的评价目标（庞二虎、苗科，2010）。如前所述，这样的文化人拥有个人人格、具有创造性的情感态度和价值观。学生深入、全面地掌握本民族文化，并对文化差异持积极态度，在全球化和多元文化世界一体化的条件下，既能从事积极有效的生产技能活动，也能理解和尊重其他文化，善于在多文化的人类共同体中表现出建设性的生命活动。在文化多元性的基础上，通过整合区域特色课程资源，创新中等职业人才培养模式，实施弹性化教育教学评价制度，将有利于以培养文化人为本的中等职业教育模式。

关于评价内容和标准的全面性。我们不仅需要评价学习者在知识、技能、智力和能力等认知因素方面的发展，还要评价情感、意志、个性、人格等非认知因素方面的发展状况，特别是人文素质方面。树立全面发展观念、多样化人才观念，充分利用藏区社会文化生态资源，促进学生全面发展和个性发展，努力造就体现人文素质全面发展的人才。评价的全面性还体现在建立开放式学校评价体系。完善学生综合素质评价体系，把学生全面发展纳入考核指标。建立以品德、能力和业绩为导向的人才评价及选用制度。开放式学校评价体系还重视评价主体的多元化，即管理者、培训者、学习者本人都可以对教育教学和学习活动进行评价，拓展评价活动的参与度。例如，开展由教育行政部门、学校、家长和社区共同参与的教育质量评价活动。强化用人单位对人才的实践能力的考察，克服单纯以学历取人倾向。此外，学生对评价活动的参与，体现了双向活动的特点，凸显了公正性。在教育教学评价中，学生积极主动地参与。这样有利于他们不断地对自己的学习活动进行反思，进行自我调控、自我完善、自我修正，从而不断提高教育质量。因此，结合目前藏区中等职业教育实际，拓展评价主体构成，形成教师评价、学生自评、学生小组评价、家长和社区等共同参与的评价主体多元化机制，可以更真实地反映学生平时的学习状况、应用能力和综合素质，保证评价的客观、公正性。

教育因素不仅局限于学校之内的方法和态度，学校之外的社区因素有力地影响着学生的身心发展，起着直接或间接的教育作用，并最终参与塑造学生相应的个性、态度和品行（Wortham, 2006）。正如第二章考察发现，校外的情感和文化因素对自卑形成的影响主要是社区家庭的态度、信念、价值取向和行为准则。如果人才评价与藏族学生的生活发生关系，透过乡土教育与课程整合，就能从藏文化中汲取养分，并突出学生特殊的思维规律。如果我们通过整合区域特色文化资源，让学生了解和认同本民族文化的丰富性和内在价值，引导学生克服文化自卑心理和弱势文化心理，形成积极自信的学习态度和信念，他们就能体验成功的学习经验与学习结果（Cummins, 2001）。在多元文化环境中，自信心就像催化剂一样能将学生的潜能调动起来，使其不断努力，最终获得成功。

多元文化教育形成于20世纪60年代美国的民权运动。多元文化教育理论的核心是文化多元和教育平等。接受和欣赏文化多样性和差异性是力量和价值之源，反之，潜伏的偏见、低期望将导致弱势群体学生学习成绩不理想。因此，职业教育工作者应该和家长、社会共同努力创设支持多元文化教育的环境。

正如第二章所述，实施大一统的课程导致中职学生对本民族文化有明显的自卑感。考察发现，对内地汉文化的单向认同阻碍了学生的社区生活体验，不利于藏区中职学生的健康成长与社会的良性发展。同时，城市文化、汉族文化、发达地区的文化、专家文化通过学校对藏族学生的民族意识影响不断增强。以乡土教材建设为例，经过调查发现，老师和家长普遍认为，乡土教材与科学知识的课本关系不大，使用乡土教材会占用正式教材学习的时间，影响学生学习成绩。当学校使用乡土教材时，学生和家长也表示出冷淡的态度。藏语藏文化不能受到家长赏识，进而，学生觉得说藏语会自卑，表现出对汉语汉文化的单向认同趋势。然而，对于汉文化的学习语境来说，藏族学生没有先天的优势，仅仅是在后天的学习和成长过程中，接触到汉文化环境。学生对于民族本土语言文化的知识零碎，使得他们内心深处不由自主地暗示自己是来自贫穷落后地区的少数民族，不是主体民族，是弱势群体，自己基础差、能力弱，这些都会阻碍学生身心发展。

由此可见，羞怯、封闭、消极的自我评价与反感拒绝这一系列不利于中等职业学生身心发展的个性心理特征与潜伏的偏见、低期望现象如影随形。这对他们未来的文化适应、学业成才、就业发展等都造成了巨大障碍，没有达到中等职业教育的目的。这些年来所发生的一系列新的社会问题和影响藏区社会稳定的因素，不能说与此毫无关系。在调查中我们发现，由于片面的现代化观念的影响，城市生活如今被认为是现代文明生活模式而得到社会（包括学校、家庭和社区）推崇。然而，偏远的农牧区学生从小接受藏文化的熏陶和影响,他们的自我意识在很大程度上是建立在他们崇信的长辈或受社区尊重的人对其评价的基础之上。进入学校后,各种信息思潮冲击着他们的思想观念,使得他们的传统观念与现时状况发生激烈冲突,形成家庭文化与学校文化的断层。这是影响少数民族学生思想稳定的重要因素。正如巴登尼玛指出,个体与本族文化有千丝万缕的联系,承认民族的文化就是对个体的承认和尊重,否则就会使个体产生自卑、逆反心理,从而导致民族间的冲突,造成社会的不稳定(巴登尼玛,2009)。

藏区中等职业学生处于学校与藏区两种不同场域之间的边缘状态。一方面,他们对学校教育场域中的城市文化、汉族文化产生望尘莫及的自卑感;另一方面,他们有强烈的民族文化自尊和自强意识,同时又因自身的生存事实因素而希望汲取他文化的知识和力量来改变自己的生存困境。民族语言文化在职业教育的文化价值取向中的欠缺使得强烈的自尊心与自卑感在藏族学生心灵深处交织。中等职业学校教育对民族语言文化的态度、信念与藏族学生自卑形成的关系应当受到特别重视。因此,在中等职业教育中灵活引进民族优秀文化作为教育资源,包容并充分尊重民族文化,是多元评价的基础。

关于评价的发展性。评价不仅仅是为了鉴别和选拔,更重要的是为了促进学习者的发展。提高质量是学习者发展的核心任务。坚持科学的质量观，把促进人的全面发展、适应藏区社会需要作为衡量人才质量的根本标准。树立以提高质量为核心的发展观，确立以提高质量为导向的人才培养理念，鼓励学校办出特色、办出水平，出名师，育英才。值得一提的是，在教学质量考评体系中应建立以关爱学生为主的质量观。目前，中等职业在校生流失现象在藏区较普遍。在扩大中等职业学校办学规模的同时，必须有效地避免在校生的流失。教师如能对他们多些尊重关心、多些理解体谅，他们情感上的期待就会得到满足，心灵就易沟通。因此，在整个职业教育人才评价过程中体现出对学生的关爱尤为重要。我们要通过激励措施和制度导向，把教育资源配置和学校工作重点集中到提高教育质量上来，建立包括学生的学业成绩、特长、个性特征、潜能优势、进步幅度、今后发展的诊断性建议等内容的学生评价体系，使每一位学生都能体验到成长、成才的快乐。

　　人才评价改革又会反作用于培养目标的创新、课程资源的整合以及课程实施环节。本研究认为，藏区中等职业学校应针对不同区域的不同条件、特点和需要，整合区域特色课程资源，支持藏区中等职业人才培养模式改革。其实践模式是借助学校、社会、家庭的教育合力，将整合区域特色课程资源贯穿于人才培养目标设置、课程内容选取、课程实施、人才评价的良性循环系统。这一实践模式主动地适应和尊重藏区不同区域的差异，培养学生形成多元文化社会所需的能力、情感态度和价值观，有利于促进藏区教育公平，是藏区社会公平之基础。

三、整合区域特色课程资源的主要途径

（一）基本原则

在人－自然、人－社会、人－自我的理论视野下，本研究通过查阅资料、调查、访谈等，初步找到了藏区中等职业学校整合区域特色课程资源、支持人才培养模式改革的基本原则。这些基本原则是整合区域特色课程资源、支持人才培养模式改革的主要途径的基本依据，主要体现在下面几点。

1. 突出特色，准确定位。以形成民族特色办学为指导思想和定位，通过分析藏区社会需求、主动适应区域经济社会文化生态发展的环境来实现正确定位，整合区域特色课程资源，创新独具特色的人才培养模式。

首先，明确藏区区域特色课程资源是国家课程资源的重要补充。区域特色课程资源开发必须与国家、省职业教育课程改革的指导思想保持一致，保证与国家及地方课程的协调统一。防止与国家课程必修与选修模块简单重复，防止区域特色课程资源成为国家统一课程的随

意加深与拓展。区域特色课程资源的开发、整合要发挥其在实现多样化教育目标等方面的优势，使国家课程与藏区区域特色课程资源能相互协调地发挥整体育人功能。

其次，藏区中等职业人才培养模式改革必须根植于本土课程资源，从而增强学校的吸引力和凝聚力，有力推动藏区中等职业教育办学质量的提高和办学规模的扩大。这就需要坚持因地制宜原则。由于人们所处区域不同，其语言、宗教信仰、风土人情有许多差异。即便在城市、乡镇、近郊农村与偏远农村、牧场，人们无论在生产生活还是接受教育习惯等方面都是有差异的。因此，在区域特色课程资源整合中必须根据当地社区的实际情况，尤其要顾及民族文化底蕴、生活环境、宗教信仰、民情风俗、人们的需求等因素，制订具体计划和实施方案。区域特色课程资源整合要充分体现人本思想，以教师和学生为主体，学校要创造机会，鼓励师生积极主动、创造性地参与课程建设。要积极倡导藏区社会各界和家长的参与，有目的、有计划、有重点地进行课程资源创新和人才特色培育，创建藏区中等职业学校特色。

2. 实践导向，文化主位。中等职业教育应充分体现出人才的职业性和文化性。要根据培养高人文素质技能型人才的定位，坚持以实践为导向、以人文素质培养为主，整合区域特色课程资源，创新人才培养方案。

　　以实践为导向需以学校与社区生命共同体关系的建构作为实现本土文化传承的有效途径。在学校与社区建构生命共同体关系的过程中，应以传统文化动态传承为目的，共享的过程就是传统文化在当前的新传承。中等职业学校要最大限度地挖掘、利用学校以内和学校以外的人力、物力、财力等课程资源，努力把蕴藏于校外的特色课程资源转化为校内课程资源，并进行独立开发和研究。区域特色课程资源整合要从本地资源的实际出发，从学生发展的实际出发，突出高人文素质本位要求，以培养综合实践能力、提升职业人文素养为立足点。整合区域特色课程资源要以职业实践为主线，体现灵活性和多样性，方便学生根据自己的兴趣爱好选择相应的学习内容，发展学生的个性特长，培养创新精神。

　　文化主位需坚持平等的多元文化观。研究整合区域特色课程资源、支持人才培养模式改革的主要途径，遇到的重要问题是文化认同。在国家的具体民族层面上，各民族持有的特殊文化，应该有平等的法律地位和社会地位，要对各种特殊的民族文化持有承认、平等、欣赏的态度，以促进相互尊重、和谐共存（马戎，2004）。这样，学生的民族认同感便产生于社区成员的协同活动和人际交往之中，学生的国家认同感便产生于对本民族的认识与对国家文化共享的尊重之中。然而，随着全球化的进程，文化认同发生的变化反映了少数民族学生的心理需要。现代社会的流动性使得他们将习得主流文化视作走出乡村、谋求更好机会和发展的文化资本（Bourdieu，2004；钱民辉，2011）。少数民族文化与汉文化的关系问题是少数民族学生在学校教育中最初招致的文化认同矛盾和危机（巴登尼玛，2009；钱民辉，2011）。由此，笔者认为探讨中等职业人才培养模式创新应植根于社会的、历史的、文化的和物质的需求。

尊重藏区传统文化的特殊性。藏区各区域文化是千百年来无数代人与天地自然人相互作用、相互适应的结晶，留存至今有其合理性和特殊性。学校承载的是现代技术文明，并且从来都是以先进者改造落后者的姿态存在的。如今，这样的观念和行为不再适应藏区社会和人民的需求。因此，在学校与社区合作中必须平等对待各种文化，尊重当地人民的传统习惯和宗教信仰，以本地文化与传统文化作为学校与社区合作的触点。作为文化中心的学校要担负起既传播现代科技文化知识，又传承本地传统文化的任务。因此，在学校与社区的合作中，应以双方对传统文化的重视为触点，使之成为双方合作的良好开端，最大限度地促进学生综合素质的多元培养和优良个性的和谐发展，促进学生文化能力和批判思维意识的形成。

基于以上基本原则，下文将以典型的案例为研究对象，深入探讨整合区域特色课程资源、支持人才培养模式改革的主要途径，以期为民族地区创新中等职业人才培养模式提供可借鉴的例子。

（二）立足于藏区实际，整合实践导向课程资源，建立藏区学校与社区的和谐互动机制，培养高人文素质中等职业人才

培养高人文素质技能型人才，主要途径是要着力搞好实践导向课程资源整合，立足于藏区实际，构建整合学校、社会、家庭三者的教育力量的立体系统。学校与社区的双向服务、协同发展是整合区域特色课程资源的关键。在此，笔者引入联合国教科文组织对社区教育的定义："基于所有教育起始于社区，且并不是以获取社区的利益为目标，而是以提高社区住民生活质量为目的的原理，因此实现这一原理的活动即为社区教育。"由此可见，学校与社区的教育目标有着内在的一致性，我们应着眼于学校与社区家庭文化差异对整合区域特色课程资源、支持藏区人才培养模式改革的合力影响。整合区域特色课程资源、支持藏区人才培养模式改革是教师、学生和家长以及社区人员共同作为动力的"草根式"的参与决策的过程（钟启泉，2002）。这是整合区域特色课程资源、支持藏区人才培养模式改革的主要途径。

首先，应以学校为基地，深入挖掘可贵的地区文化资源，包括藏族自身生态环境、生产生活方式、习惯、历史、传统科学、艺术、语言文字等，以开发地方教育资源。其次，丰富教学过程，形成师生文化保护与再造的自觉意识。梳理大量濒临消失的传统文化内容，使其与学校教学直接发生关系，让学生在享受中找到学习课程知识的固定点，充分利用学生头脑中已有信息与相对应社会情景的相互作用，使学校成为学习与生活的乐园。充分发挥教师的授课能力，分析学生的需求，做到因材施教，致力于培养学生探索并运用知识的创新能力。还要尊重学生的兴趣，给学生以学习的选择权，培养学生的个性，为学生的全面发展提供一个广阔、自由的空间。

本土民族文化不仅要渗透到显性教育资源中，还必须注重隐性资源的文化适应。数千年来，藏族地区形成了符合本民族的风俗习惯、宗教信仰、审美观念、伦理道德、价值取向等。虽然这些不是高度自为的，但是其力量却远远大于学校、教师和课程（巴登尼玛，2001）。例如，藏区传统的寺院教育与现在职业教育的关系是藏区不同区域教育发展不平衡的重要原因之一（郭兆利，2010）。藏文化的美感和意境不仅体现在文字记载的各类典籍之中，还潜藏在建筑、雕塑、环境设计、口语交流、室内装修和各种非文字的众多其他符号系统之中。因此，教室、寝室、会议室、礼堂、食堂的装饰，以及课外活动计划的设计也要反映藏族文化的特色，使藏文化在学校教育中获得应有的位置，以更好地帮助藏族学生学习国家共享文化，学习人类共享文化，在藏区发挥出学校的中华民族文化建设的功能（巴登尼玛，2001）。因此，我们要重视民族传统文化背景，尊重民族宗教信仰，维护民族认同，使职业教育与传统教育协调发展。

案例4—7

阿坝州卫生学校大力开展人才培养，壮大藏医药队伍。

阿坝地区藏医学历史悠久。公元816年，西藏著名学者、藏医学家毗卢遮进入阿坝地区传授《四部医典》、《甲木央本草》等医学专著，从此，藏医学开始在阿坝地区发展。为传承和弘扬藏医学，从20世纪50年代末期开始，阿坝州陆续在州、县、乡（镇）3级综合性医院设立藏医药科116个。1980年，阿坝州开始创建中藏医院，到2013年7月，全州已建立政府举办的非营利性中藏医机构和科研机构12所。阿坝州除独立的中藏医药机构外，还有部分藏医药人员在民间从事藏医药工作。在若尔盖县、阿坝县、红原县、壤塘等县的边远牧区，有一部分藏医药人员从事民间的医疗活动。另外，有一些寺庙也开设藏医门诊，开展一些医疗活动。

为了适应中藏医药事业发展的需要，阿坝州卫生学校充分利用本土教学和师资力量，开设藏医专业，为阿坝州培养中藏医药人员。州、县卫生行政部门加大中藏羌医药人才队伍建设,积极开展名老中(藏)学术经验继承工作,先后完成3批全国名老中医药学术和2批全省名老中医学术经验继承工作,13名导师培养的15名学术经验继承人经考核结业出师。学校重视中藏医药人员的在职继续教育,举办了各类中藏医药在职人员培训班、提高班,培训中藏医药专业技术人员和中藏医乡村医生。

学校以科研项目为载体,加快藏羌医药研制开发。阿坝州、县卫生行政部门在加强藏医机构基础设施建设的同时,也重视藏药的研制、开发和利用。在阿坝州卫生学校,学校充分利用本地区天然药材资源优势,结合疾病流行趋势和发病特点,与藏医机构合作,大力开展藏药新药、特药研制,在治疗消化系统、骨科及精神疾病的藏药研制开发方面取得了突破性进展,进一步丰富和发展了藏医药理论,临床疗效不断提高。

阿坝州卫生学校积极参与、完成藏药方剂的发掘整理和藏药资源调查工作。在四川省药品检验所的大力支持下,阿坝州科技、卫生等部门与阿坝州卫生学校协同配合,抽调大批藏医药科研人员和专家教师,历时数年,开展了对藏药方剂及藏药资源的调查工作,发掘整理出疗效显著的15个常用藏药方剂和12种藏成药,对川、甘、青等地区的藏药材进行了普查,采集蜡叶标本183科、786幅、2135件。其中,藏药原材料有1000余种,名贵品种达200余种,在全国重点调查的植物标本中,阿坝州产179种。

名贵藏药珍宝系列常用配方原药——鹿茸蒿,在阿坝州小金、马尔康、金川、理县等地资源丰富;阿坝州马尔康、金川县沿河一带生长的龙胆草科,作为治疗肝病常用藏药方剂的主药——樟芽菜的替代药物,经著名藏医药专家、主任医师旦科长期临床研究,并经中科院药理分析证实,治疗肝病的疗效超过樟芽菜,从而结束了长期依赖从印度进口樟芽菜的历史。此次调查,基本弄清了阿坝及周边地区的藏药资源分布,为科研和教学提供了实物样本。阿坝州卫生学校、阿坝州藏医院、若尔盖县藏医院在收集大量药物标本和文献资料的基础上,建立了专门的藏药标本室、藏药材陈列室和图书资料室,接待来州考察的各级领导和参观学习的各地专业技术人员近万人次,为普及藏医药知识、开展藏医药科研、增进民族医药学术交流发挥了重要作用。

阿坝州卫生学校以课程改革促进人才培养模式转变,教研人员的辛勤耕耘结出了丰硕的成果。学校联合阿坝州科技、卫生等部门先后编辑和出版了《藏医药教材》、《藏医药发展史》等多部民族医药专著,许多科研著作已成为中藏医药科研及教学培训的专用教材。学生学习并实践教材内容,完成了学生所学的专业理论知识、技能与一线工作技能的对接。学校的教学过程强调学生主体、教师主导,并调动社会科技、卫生相关部门参与,由文化课、专业课的割裂转化为"文化课为专业课和学生综合素质提高服务",由单纯学习专业知识和技能转化为专业知识、技能和过程性知识、经验的综合学习，促进了学生综合素质和职业技能的提升。

上述案例中，阿坝州卫生学校大力开展人才培养，壮大藏医药队伍，成功地将地域文化融入课程当中。立足于藏区实际，以学校为基地，与当地科技、卫生等部门联合，深入挖掘可贵的地区文化资源，整合实践导向课程资源，培养高人文素质的中等职业人才。这一成功案例也说明了建立藏区学校与社区的和谐互动机制的重要性。这是整合区域特色课程资源、支持藏区人才培养模式改革的主要途径。

区域特色课程资源涉及人－自然、人－社会、人－自我三重关系，存在方式上具有生活化、情境化、社会化和具体化等特征（王晶、李建群，2004）。自然、社会、学生乃是区域特色课程资源开发的三个基点。对于学校来说，学生家长是支持学校工作的重要力量，是学校形象的重要评价者和宣传者。家长对于学校、教师的评价和态度，会直接影响到学生对学校、教师的态度和感情，进而影响到学校对学生教育教学的效果。家庭是孩子形成基本的身份、动机、价值和信念的背景。学生生存于家庭、学校和社区中，而且毕业后也主要服务于家庭和本地的社区。学校与社区、家庭是影响同学间、同学与社区成员间交往的文化环境。可见，家庭和社区对于学生的生存具有重要意义，可以说，家庭和社区是整合区域特色课程资源、支持藏区人才培养模式创新的重要空间，学校必须加强和社区、家庭的合作。

由此可见，区域特色课程资源开发是在一个由自然、社会、社区、人组成的复杂的生态系统内进行的活动，生态是区域教育资源的存在本性（罗儒国，2003）。区域特色课程资源的生态系统结构（包括学校、家庭、伙伴、社区的生产生活方式以及历史文化环境等诸多方面）决定了其开发和利用具有四个正向的功能：促进学校、家庭和社会一体化教育网络生成；为学生的个性和实践技能提供广阔的发展空间；促进教师合作文化生成与专业发展；为社区服务（王晶、李建群，2003）。中等职业技术学校具有专业性、职业性特点，因此，职业技术学校的社区公共关系协调工作要充分利用自己的优势与特点，整合区域特色课程资源，创新藏区人才培养模式。

具体来说，学校－社区作为一个文化交互活动系统，应创造有利于学生交往、合作学习的环境，充分发挥学生交往、学生与社区成员交往对学生人文素质和职业技能发展的作用。创造和谐的学校－社区文化交往环境，促进合作学习。这就需要改变原先的"城市单一价值取向"，促使学校和社区成员价值目标趋于一致，在共同的区域文化的熏陶下形成共同的意识观念、精神面貌和内在气质，引导师生与社区成员奋发向上、不断进步。学校－社区文化资源的共享越多,其教育目标就越趋向一致,二者之间的凝聚力就越强,整合区域课程资源、支持人才培养模式改革的条件就越好。反之,必然造成藏区中等职业人才培养模式改革的困难。

对整合区域特色课程资源、支持藏区中等职业人才培养模式改革进行结构分析,需要特别关注学校与社区的互动问题:学校发展与社区发展的协调与统筹、学校与社区的双向沟通与融合、学校教育与社区教育的一体化。鉴于此,本研究借助文化历史活动理论的有关研究成果去分析整合区域特色课程资源、支持藏区人才培养模式改革的活动系统,并提出了活动设计的基本理论框架(见图4)。

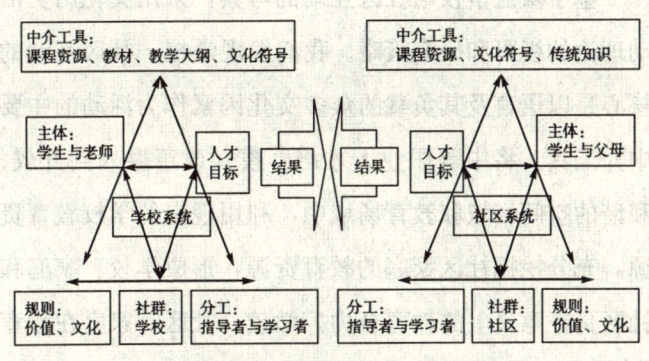

图4 藏区中等职业区域特色课程
资源整合的活动系统分析框架

整合区域特色课程资源与藏区中等职业人才培养模式改革之间的互动始终贯穿于学校和社区的空间场域和

教育场域。随着藏区中等职业教育的不断推进，学校和社区的互动协作关系的重要性日益凸显。学校－社区是有机的整体，相互依存、相互促进，共同构成人才培养所必需的空间体系。为此，分析藏区学校－社区互动中的各种元素及其交互关系，进而理解学校教育与藏区的关系，这是藏区学校特色教育发展的关键（白杨、巴登尼玛，2012）。文化历史活动理论是理解全部人类工作和实践——情境脉络中的活动的有用框架。我们需要借助文化历史活动理论，以藏区为例，对学校与社区之间各要素的交互作用进行解析，以厘清其各要素相互影响的基本情况，从而创建促进整合区域特色课程资源、支持藏区中等职业人才培养模式改革的教育场域。

基于藏区学校与社区互动的考察，采用文化历史活动理论的视野和研究策略。我们发现学校－社区互动的核心是以语言及其负载的众多文化因素作为活动的主要中介工具。将中等职业人才培养模式改革融入到开放、和谐的空间场域和教育场域中，利用现有的学校教育资源，充分挖掘社区家庭的教育资源，形成学校、家庭和社区真正意义上的教育合力。学校、社区、家庭在教育观念、教育思想、教育内容、教育途径和教育方法等方面体现出一致性与和谐性，共同促进学生文化能力和批判思维意识的形成，最大限度地促进学生综合素质的多元培养和优良个性的和谐发展。

案例 4—8

四川省阿坝州中等职业技术学校依据本地经济社会发展实际，走出了一条民族地区职业教育发展的新路。

四川省阿坝州中等职业技术学校主校址选在茂县，总占地面积219亩，图书馆藏书8.5万册；拥有旅游饭店前厅实训室、客房实训室、餐厅实训室、现场导游训练室、会计模拟实验室、建材实验室、藏兽医实验室、解剖实验室、土化实验室、羌绣、根雕、唐卡画室等20余个操作实验室；一个兽医门诊部、一个藏羌艺术专业练功房、一个生产实习农牧场、一个机电实习车间、一个果品酿造酒厂、一个具备卫星传输、宽带传输功能的远程教育教学中心和与国际互联网连接的校园网。

在人才培养模式与理念上，学校依托社区企业，强调职业教育与科技、经济相结合，与生产实践技术推广相结合，与国家相关职业标准和职业资格考核鉴定相结合，采取"走出去，请进来"的措施，发挥职业教育的社会服务功能，实行与企业共同完成培养学生成才的双元制人才培养模式，倡导教师与师傅合一、学生与学徒合一、教室与车间合一、作业与产品合一和产教合一的"五合一"育人理念。学校领导根据本区域民族特色和地理特色，坚持以人为本。在人才培养目标上坚持"培养一个学生，致富一个家庭"的办学理念与思路；在教师培训上鼓励教师队伍向"双师型"、"复合型"、"能工巧匠型"发展；在教学上实行"订单式"培养，"菜单式"教学，根据不同专业特点，注重基础知识学习和技能训练，重视实践操作。为学生最终实现"一专多能闯天下"打下坚实的基础，培养外向型、实用型、创新型人才，从而达到学校与就业市场的无缝链接。

为了家长实现"培养一个学生，致富一个家庭"的愿望，为了学生实现"一专多能市场化，潇潇洒洒闯天下"的心愿，学校在教学上根据不同专业特点，注重技能训练，重视实践操作。在专业与课程设置上，学校立足州情，以社区市场需求为导向，开设了农学、资源与环境、加工制造、信息技术、旅游、财经、艺术、机电等八大门类39个专业，包括全国唯一的兽用藏医学专业和独具地方特色的民俗导游、藏羌艺术专业。其中，藏羌艺术专业结合藏羌民族特色，主要开设了音乐美术基础、藏羌音乐、藏羌舞蹈、藏羌民俗文化、藏羌民族服饰、藏羌饮食文化、藏羌建筑艺术、艺术欣赏等课程，这些课程既使学生获取了本民族知识，又为宣传与继承藏羌文化培育了人才。

例如，农牧专业（学制：高中1年，初中3年）包括畜牧兽医、藏医医疗（兽用方向）、农艺三个专业。其中畜牧兽医专业是国家省部级重点专业，主要专业课程有：畜禽解剖生理、动物微生物、兽医基础、畜牧基础、禽的生产与经营、牛羊的生产与经营、猪的生产与经营、兽医卫生检验、藏医诊断、藏医学、藏医治疗、兽医临床、植物学、土壤肥料学、栽培学、植物病虫害等。有兽医综合、畜牧综合、藏医综合、农艺综合等10个专业实验室，1个兽医门诊部，3个校外实训农牧场，要求学生取得家畜饲养工、兽医防治员、动物检疫检验员、农艺工、兽医化验员等职业资格证书。该专业的毕业生主要在各级畜牧兽医站、动物防疫检疫站、饲料加工厂、兽药厂、畜产品加工企业、动物养殖企业、畜牧兽医行政管理部门等单位就业。

又例如，艺术专业（学制：初中3年）是国家省部级重点专业，分为藏羌艺术、根艺、唐卡3个方向。主要开设藏羌民间歌舞、乐理、视唱练耳、音乐欣赏、毯子功、基训、速写、素描、艺术概论、声乐、民族器乐、唐卡绘画、根雕等课程。有钢琴房、声乐练功房、器乐练功房、舞蹈练功房、唐卡绘画室、根雕制作室、羌绣制作室、学生作品陈列室等实训操作室，还有巡回演出专用车和成套的音响灯光设备。该专业毕业生就业形式良好，已为我州乃至全国地方文化单位、景区和民族表演艺术团培养了优秀的民族工艺品制作和艺术表演人才。

学校各班任课教师坚持以人为本，从学生的实际情况出发，根据部分学生自控能力差，理解、分析、掌握、运用知识能力较低的特点，因人而异，因材施教。教师们用爱心和真诚对待每个学生，并从学生的实际和需要出发，采用恰当、灵活的教学方法，激发学生的学习兴趣，培养学生相互交流、相互协作、自主创新的能力，努力提高学生的学习成绩和综合素质，使所学理论与实践相结合，尽可能地贴近生活、贴近实际，让学生在熟悉的社会生活中接受理论知识，并用理论知识指导社会实践。同时，该校还严格教学管理，在开设的公共课程外，加设了礼仪课和法制教育课，注重使学生立德成人，重技成才。

在办学体制上，学校办有五年制大专、三年制普通中专、网络教育大专和本科，还探索进行"双学历"教育即"1+2"和"2+3"的中专套读专科、本科学历教育。学校与四川大学、西南财经大学、西华大学、四川农业大学、四川行政干部管理学院、成都纺织高等专科学校等联合举办成人高等教育。学校发挥职教中心作用，积极从事农村剩余劳动力转移培训。学校被确定为四川省首批劳动力转移培训基地、四川省农村青年转移就业培训基地、阿坝州职业教育培训中心。仅2005年到2006年上半年，学校就完成阿坝州"千村科技明白人"实用技术培训944人，培训的学员回到各自乡村，在牲畜养殖、优质水果栽培、中草药种植等方面发挥技术特长，带动了本村脱贫致富。这期间，学校还进行农村剩余劳动力转移培训784人，其中包括为九寨沟培训园艺绿化工35人。

四川省阿坝州中等职业学校代表着藏区中等职业教育的一个截面。学校依据本地经济、社会发展实际，走出了一条民族地区职业教育发展的新路,整合区域特色课程资源,支持藏区中等职业人才培养模式的创新。学校办学理念和措施对于西部地区中等职业教育发展具有借鉴意义。考察中的成功案例进一步表明,学校－社区文化资源的共享性越多,两者之教育目标越趋向一致,学校与社区的凝聚力就越强,学校工作就事半功倍(白杨、巴登尼玛,2012)。藏区中等职业学校的人才培养模式改革必须根植于本土文化资源;藏区的特色课程资源与文化生态系统(包括三类藏区的学校、家庭、社区的生产生活方式以及生活和文化环境等诸多方面)是高度同构的关系。区域特色课程资源整合对支持藏区人才培养模式改革的支持功能及其实践模式、主要途径是一个整合学校、社区、家庭三者的教育力量的立体系统。因此,建立学校－社区的和谐互动关系需要确认和尊重文化的丰富性和多元性,实事求是地认识和肯定民族教育传统(吴定初,2003),重视文化对应和对话教育,以促进学生的文化自信、学业成效和能力发展,培养学生形成多元文化社会所需的能力、情感态度和价值观,构建与藏区自然人文互动共生的特色课程,进而通过学生在校学到的社会活动技能影响他们所处的社区,共同营造和谐的学校－社区文化氛围,增强民族凝聚力。中等职业学校教育在构建多民族多元文化并使其制度化方面应发挥重要作用,充分体现社会主义优越性。此为藏区中等职业人才培养模式改革之关键。

区域特色课程资源开发是一个以学校和特定区域为基地进行课程资源开发的民主决策的过程，即校长、教师、课程专家、学生以及家长和社区人士共同参与区域特色课程资源计划的制定、实施和评价活动。它以社区成员终身发展的多样化需求和社区建设发展需求为依据，充分利用本地独特的地理和人文资源，挖掘教育价值，开发具有浓郁地方特色和学校个性的综合实践活动课程，使区域文化形成教育资源系列（谢培松，2006）。对此，必须在当地建构与学生需要相适应的学校、社区家庭教育机制，在此基础上形成满足所有成员生存需求的学校、社区家庭教育工作系统。

具体来说，学校应加强与社区家庭的沟通，特别是职业技术学校与普通学校相比有着专业人才与知识方面的优势，更具有实践性，更容易在社区日常生活发挥作用。但是受到学校中心意识的影响，我们往往会忽视社区文化生态资源对学校职业教育的重要意义，致使学校处于"孤岛"的地位，得不到社区的了解与肯定。学校与社区间的主要联系都是在学校发生问题并引发公众注意时才进行的。这种沟通着眼于问题的解决，是相对被动的、浅层次的学校与社区间的沟通。如"5·12"大地震后学校出现了危楼校舍，社区里组织人来进行简单修缮等。另外，职业技术学校与社区各行其道，资源使用率低，造成极大的浪费，对于学校而言，减少了与社区家庭接触的机会，加深了隔阂。此前，学生长期生活在家庭和社区中还可以耳濡目染、习得民族和社区文化工艺技能，但随着学校和家庭、社区的不断隔离，这一条渠道也几乎被阻断了。

　　因此，学校在开展社区家庭关系活动时，不能只着眼于眼前的回报，而应考虑长远的人才培养目标。邀请具有特长的社区成员走进校园，传授有关的民族文化知识和技能。重视利用社区内的教育机会，还可以聘请社区能工巧匠和技师来校担任工作人员。在学生方面，可以将参加义务劳动与生产作为学生的实践操作课程，为社区提供便利，同时陶冶学生情操，树立职业意识。例如，学校以"让学生了解本地风土民情，增强对乡土的关怀"为目的，充分利用社区资源进行校外教学，指导学生了解本民族生存的地理环境及其风土民情，进行区域特色课程资源教学，邀请有相关能力的社区老人到校讲授有关社区的文化传承内容、信仰观念与价值系统。

　　社区的发展要以学校为依托，学校通过培养人才对社区发展提供人才支持，同时学校本身也是传播文化的工具。学校作为社区中的一个重要组成部分，给社区科技、文化的发展提供了重要支持。学校向社区开放自身的体育场、图书馆、运动设施等作为社区的活动场所，同时社区内的文化馆、农田耕地等也可以作为学校德育教育、课外实验的场所。职业技术学校丰富的文体生活与艺术创造可以和社区共享,让社区公众受到艺术熏陶,得到审美培养,同时为学生提供实践锻炼的机会,树立学生的服务观念。社区与地方卫生机构还可以举行保健活动、社区福利活动以及各种辅助教学活动,这些活动对于学生来说是学校教育的有益补充,对于社区来说,学校教师也是社区居民在职培训的重要师资资源。另外,在社区村庄,教师、地方教育官员和村民可以一道研究中等职业人才培养模式改革。充分理解村民在现代社会中的生存需求,领会家长与学生对学校需求的源泉与意义,充分理解中央政府、省政府与地方政府有关部门的发展思路,寻找学校基于社区存在的课程建设内涵与价值源泉,并取得各级政府部门的支持,整合区域特色课程资源,创新人才培养模式。

因此,建立学校与社区的和谐互动机制是整合区域特色教育资源的前提,建立社区教育资源与学校教育资源的有效融合机制是创新藏区中等职业人才培养模式的主要途径。在此意义上,区域特色教育资源整合对创新藏区中等职业人才培养模式的支持功能是一个整合学校、社会、家庭三者的教育力量,并包括实践模式、主要途径以及保障机制在内的立体系统。

四、整合区域特色课程资源的保障机制

促进教育公平,此乃社会公平之基础。如果没有一个教育平等的平台,中等职业教育很难摆脱现在的困境,人才质量也无法得到保障(张宁,2009)。我们看到通过有效的保障机制,藏区学生接受职业教育的机会显著增加,对于增强职业教育的吸引力、扩大面向藏区的职业教育规模、促进教育发展和教育公平起到了重要作用。基于此,政策体制和外在体制文化的理解、支持为整合区域特色课程资源、创新藏区中等职业人才培养模式提供了保障。

(一) 整合区域特色课程资源必须纳入藏区中等职业人才培养模式改革计划

本研究认为政策保证是藏区中等职业人才培养模式改革所面临的一个重要课题。对于藏区来说,最重要的资源是区域特色课程资源,这是本研究的一个基本观点。任何教育改革政策的推行必须有课程资源的支持,以满足学校、教师和学生的要求。因此,课程资源的建设必须纳入课程改革计划,必须在政策上保证整合区域特色课程资源及其责任主体能够得到落实。

国家民委、教育部《关于加快少数民族和民族地区职业教育改革和发展的意见》已经制定、完善了发展少

数民族和民族地区职业教育的有关政策和措施,并指出采取多种措施,建立健全少数民族和民族地区职业教育发展的经费投入机制和保障机制。要实行专兼结合,面向社会公开选聘职教教师的用人制度,把部分科技人员、能工巧匠充实到职教师资队伍中来。根据少数民族和民族地区的实际,加强专业结构、课程结构的调整,制定并实施中等职业教育课程改革和教材建设规划。针对民族地区的经济类型、经济结构的现实需求及语言环境,组织并指导开设、编写具有当地特色的职业教育课程和相应的教材。

《中等职业教育改革创新行动计划（2010—2012年）》进一步提出,应创新职业教育人才培养模式,重视学生的素质基础和能力本位;建立健全职业教育课程衔接体系;建立健全职业学校毕业生直接升学制度和在职继续学习制度。该计划在政策上特别强调两个坚持:一是坚持质量提高、示范引领,重点扩充优质特色中等职业教育资源;二是坚持突出重点、协调发展,重点支持有特色、质量高、效益好的职业学校,合理整合资源,推动职业教育改革,创新人才培养机制。

基于中央层面的政策保障,地方政府作出了积极响应:强化省政府的行为,加大中等职业教育专项经费投入,发挥政府在中等职业教育中的主导作用,积极贯彻中央大力发展中等职业教育的战略措施,充分扶持地方特色学校办学，协调各级政府的沟通参与。例如，《甘孜州中长期教育改革和发展规划纲要（2011－2020年）》强调发展本土职业教育要切实加大中等职业学校基础建设力度，于是新建了甘孜州中等职业技术学校、康南康北片区职业技术学校（职教中心）和农业产业化、农村实用技术及劳动力转移、生态旅游业、民族文化产业、藏医药业、民族手工业、畜牧兽医、林果业8个中等职业实训基地，改扩建甘孜州卫生学校，支持四川省藏文学校办学。该纲要在政策上明确保障加快培养农村人才；强化州级统筹；积极建设职业技能培训网络，大力开展农村实用技术培训和劳动力转移培训；增强服务"三农"能力；加强涉农专业建设，大力培养适应农业和农村发展需要的人才。

上述政策文本既有利于学校整合区域特色课程资源的经费保障，又有利于师资保障，加强对教师的培训，对区域特色课程资源开发者、实施者给予理论和实践的指导。通过专家引领、校本教研、经验交流等多种途径提高教师建设区域特色课程资源的水平；还有利于实训保障，加强实训基地、实验室、图书馆、校园创业基地、科技创新活动室等设施的建设，最大限度地利用各种课程资源，为创新人才培养目标提供实训场所。整合区域特色课程资源、支持藏区中等职业人才培养模式创新，涉及学校与政府、市场、社会等诸多关系的协调保障。正如第一章所述，有赖于政府的主导、民间的支持与学校的自主能动，其关键是实现学校与政府、社会的良性互动，其核心在于实现区域特色课程资源与学校人才培养模式的有机融合。为此，整合区域特色课程资源必须纳入藏区中等职业人才培养模式改革计划，需要创造性地设计出广泛的社会动员、民众参与、多方协调与合作共享机制。

（二）整合区域特色课程资源需要争取获得外在体制文化的理解和支持

学校在整合区域特色课程资源建设方面所做的努力应当及时告知上级行政管理部门，并且，扩大传播成果的范围。同时，学校整合区域特色课程资源、支持人才培养模式改革的成果一旦推广，会引起更大范围的对原有观念和活动的反思，对原有课程、教学、评估等体系的反思，增大有效人才培养模式改革的希望。寻求与科研院校的合作也可以使学校在整合区域特色课程资源建设上获得更广大的空间。研究者在其他地区的类似实验也可以为此类课题的探讨提供更多启发。外在体制文化的理解和支持有利于经验共享保障。学校应认真总结整合区域特色课程资源、支持藏区人才培养模式改革的经验，充分发挥示范作用，对取得突出成果的专业和个人给予表彰奖励，并选择整合学校、社会、家庭三者的教育力量以及有产学结合前景的成果进行共享。民族地区社会、学校、教师和学生的要求，有利于保障区域特色课程资源的共建共享，是课程资源应用的核心思想，调动各部门、学校、教师、学生的积极性，保证整合区域特色课程资源及其责任主体能够得到落实；有利于增加藏区学生接受职业教育的机会，对增强职业教育的吸引力、扩大面向农村的职业教育规模、促进教育发展和教育公平起到了重要作用。

对于民族地区的中等职业教育，要思考的相关问题很多，关键的一点是在尊重民族文化多元的同时发展职业教育，并用活用好现有的国家政策，才能达到发展和繁荣民族地区经济的目的。对藏区中等职业学生人才培养问题的关注应植根于多元文化呈现和文化认同基础之上的文化生命力、凝聚力和创造力，这是和谐社会各个系统运转的根本动力源，有利于贯彻和执行党的民族和方针政策，有利于民族地区的文化繁荣、社会稳定，对维系中华民族的文化传承具有重要意义。

通过归纳、提炼整合区域特色课程资源、支持藏区中等职业人才培养模式创新的基本维度、实践模式、主要途径以及保障机制，体现了理顺政府、社区、学校三者之间关系对藏区中等职业教育改革发展的重大意义。政府进行宏观管理与调控，学校依法办特色学校的自主权加大，社区参与课程资源整合和人才评估，藏区中等职业人才培养模式的创新服务于区域社会、经济、文化、生态发展的成果已经凸显出来。这也是一个以学校和藏区为基地进行区域特色课程开发的民主决策的过程。其内涵是：中等职业学校办学遵循了人与人的和谐、人与自然的和谐、人与自我的和谐、人与职业的和谐、人与课程的和谐，促进藏区学生有尊严地幸福成长。

第五章

结论与讨论

本研究虽然到此告一段落了，但是准确地说，还不完整（说是研究三类藏区中等职业学校，也只是研究了藏区的一部分情况），存在许多遗憾。藏区文化积淀深厚且多样丰富，在推进藏区中等职业学校人才培养模式改革中，很多问题是值得关注的，提出来供大家讨论。

一、研究结论

当今世界，全球化和区域化成为两大潮流，两者相辅相成。全球化会改变国家行使主权的范围和空间，朝着公平的方向努力，并通过该环境调节个体、区域、国家、全球公民社会之间的关系（焦爱军，2011）。职业教育关系到一个国家在全球化背景下的发展能力、竞争能力和现实生产力。职业教育是我国经济社会发展的重要基础和教育工作的战略重点。我国积极推进中等职业学校人才培养模式改革，促进教育公平，这也是社会公平的基础。

然而,在藏区,中等职业学校人才培养模式改革却举步维艰。藏区自然、人文生态资源丰富而特殊,置身于其间的中等职业人才培养模式改革面临的最根本问题在于其脱离了与当地特色课程资源的联系。藏区中等职业人才培养模式改革必须根植于本土课程资源。藏区的特色课程资源开发与文化生态系统是高度同构的关系。区域特色课程资源整合对藏区中等职业人才培养模式改革的支持功能及其实践模式、主要途径是一个整合学校、社会、家庭三者的教育力量的立体系统。

在以人与自然、人与人、人与社会和谐共生、良性循环、全面发展、持续繁荣为基本宗旨的生态文化伦理形态下,良好的学校-社区关系不仅为教职工施展才华与达成个人理想和追求创造了有利的环境,也为学生学会做人,学会生存,学会求知,学会做事,学会待人接物,创造了优良的文化生态氛围。这一切都基于尊重区域生态文化,推动校企合作与工学结合,突出实践,深化人才培养模式改革(崔岩,2009)。随着改革的不断推进,整合区域特色课程资源与藏区中等职业人才培养模式改革之间的互动协作关系的重要性日益凸显。由此,本研究的主要结论如下:

调查发现,三类藏区特色课程资源的区域分布特点为:(1)地广人稀,特色资源分布不平衡;(2)特色资源与复杂地形、多样地貌紧密联系；（3）复杂多样的自然带催生了丰富多元的民族文化。藏区文化积淀深厚，文化多样共生，推进藏区中等职业教育事业的稳定发展，对于促进民族团结和社会稳定，具有特殊重要的意义。

考察发现，目前整合区域特色课程资源、支持藏区中等职业人才培养模式改革的成功经验主要包括：重视发挥教育主管部门对地域特色课程体系建设的规划与指导；重视发挥基层教师在整合区域特色课程资源中的能动作用；加强校本教研，构建区域特色教研文化。这些成功经验表明，在藏区，学校—社区文化资源的共享性越多，两者之教育目标越趋向一致，学校与社区的凝聚力就越强，中等职业人才培养模式改革就事半功倍。区域特色课程资源整合对藏区中等职业人才培养模式改革的支持功能主要有融合功能、协调功能、辐射功能。

与此同时，考察还发现了整合区域特色课程资源在藏区中等职业人才培养模式改革中面临的困难。其中面临的主要困难包括：现有的做法中城市价值取向目标定位的缺陷明显；课程内容的选取与藏区实际联系不紧密；课程实施影响了情感参与；中等职业人才评价体系存在严重缺陷。

本研究认为，藏区区域特色课程资源的构成、类型、特征极其丰富，对藏区中等职业人才培养模式改革的支持功能重大。基于此，整合区域特色课程资源、支持藏区中等职业人才培养模式改革的实践模式和主要途径应借助学校、社会、家庭的教育合力，将整合区域特色课程资源贯穿于人才目标设置——课程内容的选取——课程的实施——人才评价这几个环节中。整合区域特色课程资源与藏区中等职业人才培养模式改革之间的和谐互动需要确认和尊重文化的丰富性和多元性，注重和倡导人类文化的差异，即区域性。区域文化对于藏区特色课程资源的整合意义重大。地域文化作为精神、理念、价值观等内核融入课程体系，培养学生形成适应多元文化社会所需的能力、情感态度和价值观，构建与藏区自然人文互动共生的区域特色课程，此为藏区中等职业人才培养模式改革之关键。

人才培养模式的改革是所有教育活动中最复杂、最系统的内容，它将文化资源与教育活动中的人结合起来，并贯穿于整个教育过程之中。中等职业人才培养模式改革的过程也是学校整合区域特色课程资源的过程。也就是说，区域特色课程资源整合对于支持藏区中等职业人才培养模式改革而言，是在本土文化的"土壤"中找寻"生长点"和"结合点"的过程。对区域特色课程资源进行开发利用，需要政府、学校、社区共同关注、共同努力。积极开发、利用、整合区域特色课程资源，为藏区的中等职业人才培养模式改革提供支持，为学生知识的增长、技能的培养、情感的发展等方面创造条件。相信"以人为本"职业发展的正义调适，整合区域特色课程资源，创新藏区中等职业人才培养模式，对于藏区和国家的社会、经济发展都将产生积极的意义。总之，藏区的课程改革应该向着多元文化理解的方向发展，通过整合区域特色课程资源、创新藏区中等职业人才培养模式，实现人的整体、全面发展，我们未来的藏族居民才能成为具有多元文化理解力、批判力和行动力的文化人。

我国作为统一的多民族国家，在多元文化背景下，民族地区中等职业学校教育对人才培养模式的关注既要兼顾国家一体的多民族的发展需要，又要考虑和适应本民族的文化环境、本民族的发展需要。中等职业学校教育应以学生在心理上的成熟自强、自信发展为动力，充分发挥区域文化的丰富性和多元性优势，建立民族文化相互理解、相互共存的丰富的教育体系，促进社会和谐稳定和民族学生的健康成长，彰显民族地区人与自然和谐共生的内在动力。尊重人，尊重人的文化存在，尊重人的生命，尊重人的生命质量，是任何学校教育建设必须遵循的原则。只有这样的学校教育才能增强学生的文化接触能力、沟通理解能力、共同生活并和谐相处的能力，增强学生对国家文化的情感认同和民族团结的凝聚力。

二、需要进一步研究的问题

研究"整合区域特色课程资源、支持藏区中等职业人才培养模式创新"课题需要调查的面广、关涉问题复杂。以当前研究为基础,转换视角,在新的标准之下对藏区和其他民族地区整合区域特色课程资源、支持中等职业人才培养模式创新展开调查,并进一步揭示问题之所在,这将是本课题后续性研究的方向。

1. 对整合区域特色课程资源、支持藏区中等职业人才培养模式改革的研究不仅应作为涉及许多学科建设如民族学、人类学、文化学、社会学等的主题,而且应作为区域文化建设的基本方向再进行深入的论证。藏区占全国土地面积五分之一强,藏族也有许多的分支,其地区差异导致了各地区显著的文化差异。这一方面为课程建设提供了优厚的条件,另一方面也为研究增加了难度。由于课题时间有限,藏区面积太大,本研究没有完成对几大藏区的深入调查,尤其是卫藏地区没有深入到乡村一级。这是本研究的一大遗憾。

2. 进一步梳理整合区域特色课程资源、支持藏区中等职业人才培养模式改革在教育科学研究中的意义与方法论。在实践研究过程中,我们与学校、政府以及当地教育行政部门之间的交流不够充分(附录中提供了访谈调查表)。由于藏文化的独特性和复杂性,本研究很难一次性将其文化内容做更多、更细的梳理,加之目前课程理论研究的众多成果各有其自身的价值与意义,所以,如何将复杂的文化现象中隐含的课程建设内容提炼出来,并结合区域社会发展的特征和人们生活、生存的要求来思考课程体系的调整与文化内容的充实,这是本研究重点考虑的问题,也是本研究没有完成的任务。虽然本研究已经完成了课程思路的构想和文化内容观点的提取、观念的提升,但今后还要将已有的理论成果用于现实的课程建设之中。

3. 本研究认真梳理了近 20 年来西方整合区域特色课程资源、支持人才培养模式改革的理论发展,从中吸取有益于整合区域特色课程资源、支持藏区中等职业人才培养模式改革教育理论建设的经验和成果,揭示并分析全球化条件下整合区域特色课程资源、支持民族地区人才培养模式改革研究存在的主要问题。当今藏区职业教育已经有了很大的发展,本研究对此做了总结、提炼。但如果我们将此区域的职业教育放在全国范围来探讨,就会发现,还有许多没有放开的思路和许多内地的新经验没有得到推广和借鉴。尤其是全球范围内的职业教育理论中有许多可资借鉴的思路和观念应该在藏区职业教育的探索中进行应用。如果时间允许,本研究将会从全球视野的角度来探讨我国藏区职业教育的独特条件、优势和不足。因此,本研究也为后来的研究提供了有用的资源,为未来课程理论研究的深入打下了一定的基础。

综上所述,本研究涉及面广,面临的困难较多,虽然已经发现了一些问题及其解决方案,但留给大家进一步思索的问题也很多。由于课题时间和经费的限制,我们拟对本研究引出的新问题进行追踪,并将从理论上关注最前沿的成果,借鉴其方法,反思当下的研究,为藏区职业教育发展,为藏汉文化交融、国家稳定、人民安居乐业而继续工作。

附录：访谈调查表

附表1

区域特色课程资源整合对创新藏区中等职业人才培养模式的支持研究

（教师）

老师：

你好，为了提出对藏区中等职业学校人才培养模式更加具有指导意义的实施意见，需要对区域特色课程资源整合的现状做一调查了解。非常感谢您的大力支持！

所教年级：　　　　　　学科专业：

1. 进行区域特色课程资源的整合，您觉得自己可以整合哪些方面的内容？（可多选）

    A. 地理方面　　　B. 历史方面
    C. 民间传说方面　D. 人物传记方面
    E. 交通方面　　　F. 风景名胜方面
    G. 乡镇企业方面　H. 商业方面
    I. 农业方面　　　J. 其他：（请您补充）_____

2. 结合工作实际,您觉得自己可能将区域特色课程资源整合的成果以什么形式在工作中实施?

   A. 教学中点滴渗透或利用相关知识、数据、情境等

   B. 与所教学科有机整合 C. 专辟时间单独实施

3. 您认为区域特色课程资源的内容应该侧重:

   A. 反映区域特色　　B. 反映学校特色

   C. 学生需要　　　　D. 家长需要

   E. 学校需要

4. 好的区域特色课程应该具备的特征(可多选):

   A. 受到学生的欢迎是好的校本课程

   B. 教师愿意而且能够承担该课程的教学是好的校本课程

   C. 应该得到家长和社区人士的支持

   D. 应该得到专家的认可

   E. 学校领导满意

   F. 创新中等职业人才培养模式

   G. 课程资源的充分利用

5. 您认为整合区域特色课程资源过程中,学校教师应该加强的课程目标是(可多选):

   A. 基础知识与技能　　B. 社会公德教育

   C. 劳动态度与习惯　　D. 搜集利用信息的能力

   E. 合作精神　　　　　F. 自主与创新精神

   G. 对美的体验与表现　H. 分析解决问题的能力

6. 您认为整合区域特色课程资源的价值是（可多选）：

   A. 能够提高学校的知名度

   B. 能够提高教师的专业化水平

   C. 可以改变学校领导和教师的课程观念

   D. 为学生提供更好的课程

   E. 创新中等职业人才培养模式

7. 您认为整合区域特色课程资源应该主要考虑以下哪些因素？（可多选）

   A. 教师教学设计的需要　　B. 学生需求

   C. 学校的资源条件　　D. 本地区的资源条件

   E. 学校的办学目标　　F. 学校的人才培养目标

   J. 当地经济社会发展的需要

   K. 考试或升学的需要　　L. 所教学科发展的需要

8. 您认为进行区域特色课程资源的整合，哪些人士担负此重任比较适宜？（可多选）

   A. 班主任教师　　B. 科任教师

   C. 工勤人员　　D. 学生

   E. 学校委派专人　　F. 全校师生

   G. 社区成员

9. 您的理由是：这些人（可多选）

   A. 有时间　　B. 有精力

   C. 专业性强　　D. 课程本身需要如此

   E. 了解区域文化特点

10. 您觉得整合区域特色课程资源，学生受益最多的将会是什么？

    A. 对家乡的认识、理解和热爱增强

    B. 动手能力增强　　C. 社会融合性增强

    D. 解决实际问题的能力增强

    E. 促进语文数学及其他各学科的学习

    F. 会提高学生的考试成绩

    G. 会降低学生的考试成绩

    H. 不会影响

11. 通过整合区域特色课程资源，您觉得自己将会有哪些较大收获？（可多选）

    A. 对藏区有了进一步的认识和了解，丰富自己的教学资源

    B. 对所教学生个体与全体有更深刻的认识和了解，提高课堂教学实效

    C. 培养并锻炼自己的课程开发与应用能力

    D. 提高课程意识及学科整合能力

    E. 其他：_____

12. 在人才培养模式方面，本专业做了哪些尝试？（可多选）

    A. 建立辅修专业　　B. 专业校本课程开发

    C. "订单式"培养

    D. 区域特色课程/校本课程（地方与校本课程）开

　　　　发利用

　　　E. 其他：_____

13. 您觉得整合区域特色课程资源能否与藏区中等职业人才培养模式有机整合？

　　　A. 能　　　　B. 否

为什么？

_____

14. 本专业人才培养的主要经验有：

　　　① _____
　　　② _____
　　　③ _____

15. 本专业人才培养工作中存在的主要问题有：

　　　① _____
　　　② _____
　　　③ _____

16. 解决上述问题的对策是：

　　　① _____
　　　② _____
　　　③ _____

17. 本专业整合区域特色课程资源情况：

　　　A. 已整合区域特色课程资源或者有整合区域特色课程资源的计划，具体包括：

　　　_____

B. 没有整合区域特色课程资源，也不打算开发。

原因是：

_____

18. 你对整合区域特色课程资源还有哪些想法和建议：

_____

_____

_____

_____

19. 你对创新藏区中等职业人才培养模式还有哪些想法和建议：

_____

_____

_____

_____

_____

_____

附表 2

区域特色课程资源整合对创新藏区中等职业人才培养模式的支持研究

（学生）

同学们：

　　为了更好地了解我校整合区域特色课程资源的情况，以便创新中等职业人才的培养模式，我们想通过本问卷了解你们对整合区域特色课程资源的一些想法和要求。本问卷不记名，请各位同学根据自己的真实意愿勾出您的选项，或直接将答案填写在相应的位置。非常感谢您的大力支持！

　　年级：　　　　　　　　　　学科专业：

　　一、问答

1. 你喜欢学校目前开设的课程吗？

　　A. 喜欢

　　B. 不喜欢

　　C. 还没有开设

2. 你听说过"区域特色课程"吗？

　　A. 听说过　　　　B. 没有

3. 根据学校实际,你认为还可以整合哪些更有趣的区域特色课程资源?

4. 您对整合区域特色课程资源的评价是什么?

5. 你喜欢什么形式的区域特色课程?

6. 请你列出你希望下学期开设的课程的名称和你的理由:

7. 对整合区域特色课程资源你有什么合理的意见和建议?

8. 您有明确的择业目标吗?
   A. 目标明确　　B. 不确定　　C. 没有目标

9. 您最理想的就业区域(城市)是:
   A. 学校所在城市　　　B. 回生源地
   C. 西部和民族地区

D. 沿海发达地区（京津沪、广州、深圳等经济发达地区）

E. 艰苦行业

10. 您的就业目标与所学专业的相关度是：

    A. 从事本专业

    B. 从事与专业相关的工作

    C. 从事的工作与所学专业可以不相关

11. 您认为自己目前最欠缺的素质主要是：

    A. 基本的解决问题能力

    B. 沟通协调能力

    C. 承受压力、克服困难的能力

    D. 相关工作或实习经验

    E. 专业知识和技能

    F. 其他

12. 您认为毕业后最好的职业选择是（可多选）：

    A. 大中型国有企业   B. 外资企业

    C. 民营企业   D. 公务员

    E. 参军   F. 自主创业

    G. 其他

13. 在选择就业单位时，您认为以下哪个因素是最重要的？

    A. 工作地点   B. 工作性质（工作岗位）

    C. 单位的发展前景   D. 个人在单位的发展空间

  E. 薪水和福利　　　　F. 专业对口
  G. 是否能提供培训、进修等机会
14. 你认为课程资源的使用与你未来就业的关系是什么？

二、"家乡的地域概况"知多少？
 1. 地理位置？

 2. 地域特征？

 3. 总面积为多少平方公里？

 4. 有几个行政村？

 5. 地形图大致像什么？

 6. 现在总人口为多少？

三、"家乡的自然资源"知多少?

1. 生产的主要农作物为哪些?

2. 目前经济发展的基础是以什么为主导?
   A. 农业　　　　　　B. 牧业
   C. 手工业　　　　　D. 旅游

3. 最值得骄傲的资源是:
   A. 旅游资源　　　　B. 农牧业资源
   C. 自然生态资源　　D. 物产

四、"家乡的教育、卫生、文化和体育、交通事业"知多少?

附表3

区域特色课程资源整合对创新藏区中等职业人才培养模式的支持研究

(家长)

为了更好地了解我校整合区域特色课程资源的情况,以便创新中等职业人才的培养模式,我们想通过本问卷了解你们对整合区域特色课程资源的一些想法和要求。本问卷不记名,请各位家长根据自己的真实意愿勾出您的选项,或直接将答案填写在相应的位置。非常感谢您的大力支持!

职业:　　　　　　　　学历:

一、问答题

1. 你喜欢学校目前开设的课程吗?

    A. 喜欢

    B. 不喜欢

    C. 不了解

2. 你听说过"区域特色课程"吗?

    A. 听说过　　　B. 没有

3. 你的孩子现在的学校教师平时给他们讲过有关家乡

的地域特征、资源等方面的知识吗？

A. 讲过　　　　B. 没有

C. 讲得少

4. 请列出你希望孩子下学期开设的课程的名称和你的理由：

5. 对中等职业人才培养，你有什么意见和建议？

参考文献

一、中文部分

[1] 巴登尼玛《关于中华民族文化建设与高等教育的几个问题的思考》,《民族教育研究》1994 年第 4 期。

[2] 巴登尼玛《文明的困惑——藏族教育之路》,成都:四川民族出版社,2000 年。

[3] 巴登尼玛《现代化的回声》,成都:四川民族出版社,2004 年。

[4] 巴登尼玛《藏族学校教育中的语言选择》,《民族教育研究》2009 年第 1 期。

[4] 白杨 "Reflections on Tibetan Students' Inferiority", *Rural Education*, 2013 (1).

[5] 白杨、巴登尼玛《学校与社区互动元素探究》,《民族教育研究》2012 年第 6 期。

[6] 詹姆斯·班克斯《课程统整》,单文经等译,上海:华东师范大学出版社,2003 年。

[7] 詹姆斯·班克斯《文化多样性与教育——基本原理、课程与教育》,荀渊等译,上海:华东师范大学出版社,2010 年。

[8] 陈美如《多元文化课程的理念与实践》,台北:师大书苑,2000 年。

[9] 陈志军《甘孜州案例——影响民族地区中等职业教育发展的

不利因素分析及建议》，四川教育科学研究所编《四川省民族地区中等职业学校教师教改经验成果集》，成都：四川教育出版社，2010年。

[10] 崔岩《高职院校人才培养模式创新研究》，《当代文化与教育研究》2008年第1期。

[11] 范兆雄《课程资源概论》，北京：中国社会科学出版社，2002年。

[12] 高新芝《课程资源开发的几点思考》，《宁波大学学报》（教育科学版），2002年第5期。

[13] 焦爱军《全球化职业发展趋向的系统专业化调适与对接》社科网，2011年。

[14] 郭兆利《西藏职业教育研究述评》，《西藏研究》2010年第3期。

[15] 古卡连科《多元文化教育的理论和实践》，北京：人民教育出版社，2003年。

[16] 古志华、古翠凤《浅论民族地区高等职业教育的发展》，中国论文下载中心，2009年。

[17] 何军华《课程资源开发与利用中存在的问题及对策》，《当代教育科学》2003年第6期。

[18] 黄君麟《课程体系如何设置的问题》，《高教论坛》，2009年。

[19] 黄小玲《课程资源：界定、特点、状态与类型》，《中国教育学刊》2006年第4期。

[20] 华京生、华国栋《区域教育研究的意义、特征和途径》，

《教育研究》，2009年。

[21] 姜大源《世界职业教育课程改革的基本走势及其启示——职业教育课程开发漫谈》，《中国职业技术教育》2008年第27期。

[22] John D. McNeil《课程导论》，北京：中国轻工出版社，2007年。

[23] 江山野《简明国家教育百科全书·课程》，北京：教育科学出版社，1991年。

[24] 拉尔夫·泰勒《课程与教学的基本原理》，施良方译，北京：人民教育出版社，1994年。

[25] 李国志《高职院校人才培养模式的内涵、特征及选择原则》，《中国职业技术教育》2008年第19期。

[26] 李怀宇《我国民族职业教育发展初论》，《职业技术教育》（教科版）2003年第10期。

[27] 李梅《农村校本课程开发与构建和谐社会》，《西安社会科学》2010年第1期。

[28] 李润洲《求真务实保稳定，勇于创新促发展——基础教育课程改革的三维解析》，《教育学术月刊》2011年第11期。

[29] 李松林《关于社区课程资源开发的个案研究》，《教育科学》2004年第6期。

[30] 李艺敏、孔克勤《大、中、小学生自卑感结构及发展特点》，《心理科学》2010年第1期。

[31] 刘瑞芳《论课程资源开发和利用的隐性功能》，《当代教育科学》2005年第14期。

[32] 罗儒国《论课程资源开发的价值取向———一种生态学视角》,《当代教育科学》2003 年第 19 期。

[33] 吕静锋《区域中等职业教育可持续发展研究》,北京:人民出版社,2009 年。

[34] 马戎《民族社会学——社会学的族群关系研究》,北京:北京大学出版社,2007 年。

[35] 马戎《社会学视野下的双语教育研究》,《云南民族大学学报》2007 年第 6 期。

[36] 庞二虎、苗科《云南民族地区农村教育改革中的校本课程开发问题初探》,《科协论坛·下半月》2010 年第 11 期。

[37] 钱民辉《多元文化与现代性教育之关系研究——教育人类学的视野与田野工作》,北京:民族出版社,2008 年。

[38] 钱民辉《略论多元文化教育的理念与实践》,《北京大学学报》(哲学社会科学版)2011 年第 3 期。

[39] 阎红敏、范蔚《刍议课程资源及其有效开发》,《教育理论与实践》2006 年第 2 期。

[40] 石坚《高校学科课程的教学设计革新实践》,楼程富、徐维祥主编《发展·创新·跨越——浙江省高校教学改革与管理研究论文集》,杭州:浙江大学出版社,2010 年。

[41] Sternberg《创造力手册》,北京:北京理工大学出版社,2005 年。

[41] 王晨《职业技术教育中的通识教育》,《职业技术教育》2000 年第 22 期。

[42] 王晶、李建群《开发校外课程资源提升学生人文素养》,

《教育科学》2004 年第 5 期。

[43] 王贵生《民族学生学习心理与民族教育改革》,《中国成人教育》2005 年第 10 期。

[44] 王嵘《贫困地区教育资源的开发和利用》,《教育研究》2001 年第 9 期。

[45] 韦钰、Rowell《探究式科学教育教学指导》,北京:科学教育出版社,2006 年。

[46] 吴定初《关于中国基础教育国际化与民族化的思考》,《教育评论》2003 年第 1 期。

[47] 吴刚平《课程资源的理论构想》,《教育研究》2001 年第 8 期。

[48] 吴刚平《深入研究教学过程中动态生成的课程资源》,《福建论坛》2006 年第 6 期。

[49] 谢培松《区域差异:新课程改革的归因分析》,《湘潭师范学院学报》(社会科学版) 2006 年第 2 期。

[50] 谢培松《大学人才培养模式改革:含义、结构及归因》,《沧桑》2007 年第 5 期。

[51] 夏志芳《地域文化课程开发》,合肥:安徽教育出版社,2008 年。

[52] 徐继存《课程资源的开发与利用》,《全球教育展望》2001 年第 8 期。

[53] 徐继存《论课程资源及其开发与利用》,《学科教育》2002 年第 2 期。

[54] 徐继存《社会:作为课程资源和影响课程的因素》,《当代

教育科学》2004年第24期。

[55] 徐继存《知识：作为课程资源和影响课程的因素》，《当代教育科学》2005年第10期。

[56] 徐继存《学生：作为课程资源和影响课程的因素》，《当代教育科学》2006年第2期。

[57] 杨光岐、王力俊、郭丽红《关于区域实施新课程的思考》，《中国教育学刊》2007年第5期。

[58] 杨蕾、钟志贤《为研究性学习打开一扇门》，《教师博览》2002年第2期。

[59] 叶澜《学校文化的关键：唤醒教师内在的创造激情》，《中小学学校管理》2008年第6期。

[60] 叶澜《"新基础教育"论——关于当代中国学校变革的探究与认识》，北京：教育科学出版社，2006年。

[61] 张晖《简析不同区域推进课程整合进程中存在的差异》，《辽宁教育行政学院学报》2008年第3期。

[62] 张宁《从世界职业教育发展历程看中国职业教育》，《教育研究》2009年第2期。

[63] 钟启泉《为每一个学生的成长而教——基于"学的课程"的教学设计探析》，《北京大学教学评论》2009年第3期。

[64] 钟启泉《新课程师资培训精要》，北京：北京大学出版社，2002年。

[65] 钟启泉等主编《〈基础教育课程改革纲要（试行）〉解读》，上海：华东师范大学出版社，2001年。

[66] 钟启泉《概念重建与我国课程创新——与〈认真对待"轻

视知识"的教育思潮〉作者商榷》,《北京大学教育评论》2005年第1期。

[67] 钟启泉《课程改革的文化使命》,《人民教育》2004年第8期。

[68] 钟启泉、崔允漷、张华《为了中华民族的复兴,为了每位学生的发展——〈基础教育课程改革纲要(试行)〉解读》,上海:华东师范大学出版社,2001年。

[69] 朱水萍《课程资源开发的认识误区及变革策略》,《教育理论与实践》2006年第2期。

二、英文部分

[1] Banks, J. 2001. "Citizenship Education and Diversity: Implications for Teacher Education". *Journal of Teacher Education* 52 (1), pp. 5—16.

[2] Bourdieu, P. 2004. *Science of Science and Reflexivity*. Cambridge, UK: Polity Press.

[3] Creswell, J. 1994, *Research Design: Qualitative and Quantitative Approaches*, Thousand Oaks, CA: Sage Publications.

[4] Cummins, J. 1996. "Negotiating Identities: Education for Empowerment in a Diverse Society". Ontario, CA: *California Association for Bilingual Education*.

[5] Cummins, J. 2001. "Empowering Minority Students: A Framework for Intervention". Harvard Educational Review Classic Reprint. *Harvard Educational Review* 71 (4), pp. 656—675.

[6] Cummins, J. 2009. "Pedagogies of Choice: Challenging Coercive Relations of Power in Classrooms and Communities". *International Journal of Bilingual Education and Bilingualism* 12 (3): pp. 261-271.

[7] Feng, A. 2009. "Identity, 'Acting Interculturally' and Aims for Bilingual Education: An Example from China." *Journal of Multilingual and Multicultural Development* 30 (4): 283-296.

[8] Hinton, S. 2011. "Ethnic Diversity, National Unity and Multicultural Education in China". *US – China Education Review A* 5: pp. 726-739.

[9] John D. McNeil. 1999. *Curriculum: The teacher's Initiative*. New Jersey: An imprint of Prentics Hall.

[10] Robert K. Yin. *Case Study Research: Design and Methods*. SAGE Publications, 2008.

[11] Sleeter, C. E. *The Academic and Social Value of Ethnic Studies: A Research Review*. Washington, DC: National Education Association. 2011.

[12] Wortham, S. 2006. *Learning Identity: the Joint Emergence of Social Identification and Academic Learning*. Cambridge: Cambridge University Press.

图书在版编目（CIP）数据

区域·文化·人——课程资源开发研究 / 白杨著.
—成都：巴蜀书社，2015.4
ISBN 978-7-5531-0513-0

Ⅰ.①区… Ⅱ.①白… Ⅲ.①课程—教学研究—中等
—专业学校 Ⅳ.①G718.3

中国版本图书馆 CIP 数据核字（2015）第 050256 号

区域·文化·人
——课程资源开发研究

白杨 著

责任编辑	熊 欣
出　　版	巴蜀书社
	成都市槐树街2号　邮编 610031
	总编室电话：(028)86259397
网　　址	www.bsbook.com
发　　行	巴蜀书社
	发行科电话：(028)86259422　86259423
经　　销	新华书店
照　　排	四川胜翔数码印务设计有限公司
印　　刷	四川五洲彩印有限责任公司
	电话：(028) 85011398
版　　次	2015年4月第1版
印　　次	2015年4月第1次印刷
成品尺寸	203mm×140mm
印　　张	6.625
字　　数	150 千
书　　号	ISBN 978-7-5531-0513-0
定　　价	28.00 元

本书若有印装质量问题，请与工厂调换